体育审美教育概论

郑佳薇　马　超　邵曲玲◎著

吉林出版集团股份有限公司
全国百佳图书出版单位

图书在版编目（CIP）数据

体育审美教育概论 / 郑佳薇，马超，邵曲玲著 . -- 长春 : 吉林出版集团股份有限公司，2025.1
ISBN 978-7-5731-5121-6

Ⅰ.①体… Ⅱ.①郑… ②马… ③邵… Ⅲ.①体育美学—教学研究 Ⅳ.① G802

中国国家版本馆 CIP 数据核字 (2024) 第 111082 号

体育审美教育概论
TIYU SHENMEI JIAOYU GAILUN

著　　者	郑佳薇　马　超　邵曲玲
责任编辑	关锡汉
封面设计	沈　莹
开　　本	710mm × 1000mm　　1/16
字　　数	200 千
印　　张	10.25
版　　次	2025 年 1 月第 1 版
印　　次	2025 年 1 月第 1 次印刷
印　　刷	天津和萱印刷有限公司

出　　版	吉林出版集团股份有限公司
发　　行	吉林出版集团股份有限公司
地　　址	吉林省长春市福祉大路 5788 号
邮　　编	130000
电　　话	0431-81629968
邮　　箱	11915286@qq.com
书　　号	ISBN 978-7-5731-5121-6
定　　价	81.00 元

版权所有　翻印必究

前　言

体育和审美自古以来就紧密相连，在体育运动中，包含着大量与审美有关的问题。当人类通过体育活动去塑造自己的身心和形象时，就是按照"审美的规律"创造自己，并且表现出了对审美的渴望与追求。因此，体育作为人类创造自身的实践活动，在本质上，也是一种追求美的活动。

体育给人以审美享受，体育在创造着审美，这是体育对现代人的一个很重要的意义。在现代社会里，每一个热爱体育运动的人，不论是参加锻炼或训练，不论是观看表演或比赛，从审美学意义上说，他都是在进行体育审美的创造和欣赏，也就是自觉不自觉地在从事体育的审美实践活动。

体育教育不仅可以培养学生的形体美、姿态美和肌肉美，还可以增强学生的审美意识、审美观念和审美能力，培养学生的道德美观，塑造学生的完美个性。审美的最终目的是养成人格美。

本书从审美的角度论述了审美、审美学的概念，体育审美教育，体育教育审美观等内容；研究了如何在体育活动中达到身心和谐，丰富文化生活、使潜能得到发挥，使人格得到美化；揭示体育教育审美化的现象与规律，使受教育者掌握审美的规律，养成感觉美的能力，提高鉴赏美、创造美的能力。

本书共七章：第一章，绪论；第二章，体育概论；第三章，体育与审美；第四章，体育审美教育；第五章，体育审美教育的价值；第六章，体育审美教育观；第七章，体育审美教育观的基本架构。

本书共由三位作者共同完成：

1. 齐齐哈尔医学院的郑佳薇编写完成第一章、第二章、第三章，共计三章。
2. 齐齐哈尔医学院的马超编写完成第四章、第五章，共计两章。
3. 沈阳师范大学的邵曲玲编写完成第六章、第七章，共计两章。

在本书撰写过程中，我们曾参考和引用了国内外许多专家学者的宝贵研究成果和鲜活的实践经验，因种类较多，未能一一说明，兹将文章名称附录于书后，对原著作者表示由衷的谢意。

由于编者水平有限，书中难免存在一些不足，恳请读者批评指正。

郑佳薇　马超　邵曲玲

2024年1月

目 录

第一章 绪论 1

第二章 体育概论 7
    第一节 体育的概念 9
    第二节 体育的演化进程 9
    第三节 体育的分类 12
    第四节 体育的本质 14
    第五节 体育的功能及作用 14

第三章 体育与审美 21
    第一节 体育与审美的联系与区别 23
    第二节 审美感与体育 25
    第三节 体育的审美意识 28
    第四节 体育的审美个性 29

第四章 体育审美教育 33
    第一节 体育审美教育概念 35
    第二节 体育审美教育的理论构建 35
    第三节 体育审美教育的特点 39
    第四节 体育审美教育的作用与功能 40
    第五节 体育审美教育的目标及实施 47

第六节　体育审美教育的基本任务 …………………………………… 51
　　第七节　体育审美教育的结构与功能 ………………………………… 53
　　第八节　体育审美教育的原则 ………………………………………… 56
　　第九节　审美与德育、智育、审美教育的区别和联系 ……………… 58

第五章　体育审美教育的价值 …………………………………………… 63
　　第一节　体育审美教育的发展阐述 …………………………………… 65
　　第二节　体育审美教育价值的形式 …………………………………… 65
　　第三节　体育审美教育价值的特点 …………………………………… 67
　　第四节　体育审美教育价值的意义 …………………………………… 69

第六章　体育审美教育观 ………………………………………………… 73
　　第一节　我国当代体育发展的历史回溯 ……………………………… 75
　　第二节　体育审美教育观理论解读 …………………………………… 79
　　第三节　体育美的理性研究 …………………………………………… 95
　　第四节　体育审美教育观实践方略 …………………………………… 104

第七章　体育审美教育观的基本架构 …………………………………… 129
　　第一节　体育审美教育本质观 ………………………………………… 131
　　第二节　体育审美教育价值观 ………………………………………… 135
　　第三节　体育审美教育目的观 ………………………………………… 145

参考文献 …………………………………………………………………… 155

第一章 绪论

第一章 绪论

审美教育是审美态度、审美能力和审美情趣的教育，它渗透于德育、智育、体育之中，可以以美辅德，陶冶情操，以美启真，开发知识。美学家、教育家朱光潜认为："世间事物有真善美三种不同的价值，人类心理有知情意三种不同的活动。这三种心理活动恰恰和三种事物价值相当，真关于知，善关于意，美关于情。"在蔡元培的教育思想体系里，教育的出发点和归宿也全在于培养受教育者作为人的独立人格、自由意志，达到人性的全面、健康的发展。

马克思指出："社会进步是人类对美追求的结晶。"我们也可以认为，人的进步是对美追求的结晶。审美的方式可以确证、肯定、净化、提升人的本质力量，是和人类不断自我觉醒和反思的本质性功能相通的。西方马克思主义者卢卡契认为"审美体验以个体和个体命运的形式来说明人类，审美活动是人的一种生命活动和生存方式"。作为一种生命活动和生存方式，审美活动渗透在人类的一切物质和精神生活中，日本学者今道友信认为："美的本质就是对生命的肯定。"在物质优裕的情况下，人更需要用审美的方式对其生命进行肯定。马克思在《1844年经济学哲学手稿》中指出："一方面为了使人的感觉成为人，另一方面为了创造同人的本质和自然界的本质的全部丰富性相适应的人的感觉，无论从理论上还是从实践方面来说，人的本质对象化是必要的。"书中还强调了审美活动的精神解放性质。西方马克思主义者甚至将审美当作人类获得解放的必由之路。黑格尔曾说："审美领域中的人是自由和和谐的，美学的精神在实质上体现为人的生命自由精神。"文学和艺术是人的本质对象化的重要方式和途径，文艺的美学精神首先表现为培育和弘扬人的生命精神。审美需要是和人的"乐生"意志结合在一起的，包含了人对愉快的享受、自我生命的表现、欲求的满足等人们的审美需要，同时为了提高人们享受自我生命表现的愉悦水平，它将进一步激发人的自我发展的强烈愿望，使人在享受生命快乐的同时，积极地走向健全生命的发展历程。审美不仅可以丰富感性，培养爱心（审美是人类培养爱心的主要方式之一），还可以培养审美想象、直觉和创造力，唤起人们的感性，尤其在机械复制时代被理性无端压抑的感性。感性是人的生命之维，唤起感性达到感性与理性的和谐和平衡，是恢复完整人性的前提条件。在康德看来："知识只有当它有助于人实现善的目的、使人变得更具有人性才有意义。"而且他还进一步指出："在人达到自身完善的过程中，知识是无能为力的，只有感觉和信仰才能帮助我们。"此外，审美还可以培养人的心理控制力，使人类超越物质功利性，超越主体和客体的对立关系实现人对物欲的超越，从而获得精神的自由，使人性得以完整地体现出来。席勒认为："对实在的冷漠和对外观的兴趣就是人性的真正扩大和达到文化的决定步骤。"①

体育，作为普通教育的一个组成部分，是培养人全面发展的重要方面。体育应该注重身与心的协调发展。对"身"教育必然涉及对"心"的教育，这是因为"人是一个活生生的整体，对人的任何一个方面、任何一种能力的教育总是涉及整体的人格，以人的全面发展为宗旨的现代教育观决定了体育不应是单纯的身体教育，而应该是以身体教育为途径的人的教育"。

体育是人的全面发展的教育的重要组成部分，而且它也具有自己的特点。与德育、智育、美育相比，体育主要是授予学生健康知识、技能，发展他们的体力，增强他们体质，培养他们意志力的社会活动。体育产生以来，人们把强身健体当作体育的基本功能。所以，有很多学者把对人的思维、心理等方面起教育作用的德育、智育、美育划分为"心"的教育，而把体育单独划分为身体的教育。近代学者王国维在《论教育之宗旨》一文中便是如此分类的。这种分类只是把教育分为简单的几类，在教育的实践过程中，体育必然包含德育、智育和美育的因素，它们是有机结合的统一体，不能决然地分开。日本体育心理学专家松井三雄说："体育不是有别于精神的身体教育，它是包括身体在内的人的全面教育。"我们在突出体育对身体发展的独特作用的同时，更应该重视身心发展的联系。把促进学生的精神发展自觉地当作体育的功能，这是现代教育对体育的要求。

古往今来，体育和美育都是紧密结合在一起的。原始的艺术活动或者娱乐活动本身就是体育活动，例如，原始的歌舞是一种祭祀活动，但它本身就是一种身体活动，包含着体育的教育意义。在西周时期，周武王发明了一种动作粗犷有力、气势磅礴的军事舞蹈用以训练战士。这既是一种舞蹈，也是一种军事训练，也被看作我国军事体育的源头。在西方文明发源地的古代希腊，一方面把体育当作是培养士兵的军事训练手段，另一方面，把体育当作塑造人体美的有效途径。当时希腊人"把肉体完美看作神明的特性"②。正是在这种对健美身体的追求的背景下，哲学家柏拉图提出了美育与体育的结合的可能性，他认为"身体的运动和声音的

---

① 高扬鹏. 席勒《审美教育书简》对当下文化景观转向的启示意义 [J]. 戏剧之家. 2022（11）：193-195.
② 顾晓英. 让体育美育强起来，培养全面发展的卓越创新人才 [J]. 上海教育. 2021（33）：60-61.

运动有共同的节奏",所以,身体的健美和心灵的美是有共同基础的。古希腊的人体雕塑创作是人类艺术的一个高峰,这是以古希腊人认识到的体育与美育结合为基础,正因为"希腊人竭力以美丽的人体为模范,才促进了大量健美的人体雕塑杰作的产生"。以后的体育与美育的结合发展正是以这种健与美、灵与肉交融结合、完美统一的文化传统为重要依据的。

体育与美有很多共同的特性。超越功利性就是其中之一,无论是竞技体育还是学校体育或者是群众体育,它们的活动形式都具有超越一般社会功利法则的特点,表现出一种"游戏性"。正如席勒所说:"人只有游戏的时候才自由,人只有在自由的时候才游戏。"在体育活动中,人们可以自由和谐地运动,在这种自由和谐的运动中,人们不仅充分地发挥了体能,更为重要的是宣泄了情感,感受到自身的生命力。随着社会文明的不断进步,人的情感不断地被压抑,而体育成为人们发泄自己个人情感的最佳途径。在自由、愉悦、忘我的运动形式中,人们的情感得以通过文明的方式宣泄和表达。从这一点上看,体育与美育具有相同的功能。随着体育运动的不断发展,观赏性越强的运动项目越受到人们的喜欢,能不能给人带来强烈的审美体验也似乎成为评价体育运动的标准。体育运动是人类的力量与智慧的结晶,在体育运动中人们可以感受到自身和他人所创造的世界的美丽和伟大。这种感受虽不如艺术欣赏那么精致高雅,然而由于运动形式是健与美的结合,所以更激动人心,更令人振奋,更充满生命力昂扬的情调。在这一点上,体育观赏也包含着促进个性情感表现和升华的美育功能。

学校体育美育已成为当前及今后我国教育领域关注的焦点话题。作为学校体育的重要组成部分,体育审美教育是贯通学校体育和美育工作,促进学校体育美育融合发展的重要载体,蕴含丰富的审美教育价值和体育教育内涵,在健全人格,培养身心健康,提升学生体育审美素养方面也发挥着积极而重要的作用。2013年,党的十八届三中全会《中共中央关于全面深化改革若干重大问题的决定》明确要求,"改进美学教育,提高学生审美能力和人文素养"。2015年,国务院针对学校美育工作专门出台了第一份《关于全面加强和改进学校美育工作的意见》的71号文件,其中明确指出,"美育是审美教育,也是情操教育和心灵教育,不仅能提升人的审美素养,还能潜移默化地影响人的情感、趣味、气质、胸襟,激励人的精神,温润人的心灵"。"爱美之心,人皆有之",美的东西最能吸引人,所以，在体育教学过程中，首先应该让学生认识到、体验到体育中的美，一旦学生感受到体育中的美，那么，他自然而然地就会喜欢参加体育活动。这样作为教育的重要组成部分，体育可以以其特有的"技艺性"，按照美的规律，关怀人的生命存在及其发展，促进人格的完善与人的精神健康，重新恢复、不断创造人性的完整性。

体育审美教育作为学校体育的重要组成部分，蕴含着丰富的审美教育价值和体育教育内涵，在健全人格，培固身心，提升学生审美素养方面发挥着积极而重要的作用。教育部在2019年《工作要点》中强调要加强体育美育工作，推进体育美育教学改革。2018年，陈宝生在学校体育美育贯彻落实全国教育大会精神推进会暨全国青少年校园足球工作领导小组第四次会议中强调，推动学校体育美育工作在思想观念、条件保障、实践要求方面实现根本性扭转，促进学校体育美育的发展。

第二章 体育概论

第二章 材育想か

第一节 体育的概念

体育是一种复杂的社会行为方式,既具有社会性,又具有教育性,还具有文化性,更具有发展性。它产生于人类社会发展的进程中,伴随着人类社会的发展进步而逐步发展、完善。现如今,体育已发展成为一种为了增强体质,提高运动技术水平,促进思想品德提升,丰富社会文化生活而进行的有目的、有意识、有组织的活动,并形成一个专门的科学领域。体育的概念可划分为广义概念和狭义概念[①]。

一、体育的广义概念——体育运动

体育运动是指以身体练习为基本手段,以增强人的体质,提高健康水平,促进人的全面发展,丰富社会文化生活以及促进精神文明为目的的一种有计划、有意识、有组织的社会活动。体育运动是社会文化的重要组成部分,其发展受一定社会的政治和经济的影响,并为一定社会的政治和经济服务。

二、体育的狭义概念——体育教育

体育教育是一种重要的教育形式,是以发展身体、增强体质、传授锻炼身体的知识与技能、培养道德和意志品质为基本目的,对人体进行培育和塑造的教育过程,是培养全面发展的人的一个重要方面。

第二节 体育的演化进程

体育是一项具有悠久历史的社会活动方式,是贯穿人类始终和社会历史现象。但是"体育"一词出现较晚,体育的概念经过了一个相当长的发展时期方得以逐步形成、发展与完善。在"体育"一词出现之前,世界各国对"体育"这一社会

---

① 于思远. "体育"(sports)的本质与概念——"生命"的本体论回归与"存在"的认识论超越[J]. 上海体育学院学报. 2021, 45(8): 11-20.

活动方式的称谓各不相同。

在古希腊，游戏、角力以及体操等古老的体育运动都曾被列为教育内容。17—18世纪，诸如打猎、游泳、爬山、赛跑、跳跃等体育活动在西方的教育体系中出现，但当时尚无统一的称谓。18世纪末，德国的J.C.F古茨穆茨将这些活动进行了较为系统的分类与归纳，将之统称为"体操"[①]。19世纪初，德国形成了新的体操体系，并在欧美各国得以广泛地传播，同时，伴随着多种新的运动项目的相继出现，使得在学校开展的运动项目远远超出了原来体操所涵盖的项目范围，由此促成了"体育是以身体活动为手段的教育"这一全新概念的产生。然而，虽然"体育"这一新兴概念的产生，引发了体育内涵的深化，但是，在相当长的时期内，"体操"和"体育"两个词始终处于并存的状态，相互混用。直到20世纪初，"体育"一词才逐渐在世界范围内得以统一采用。

我国体育的发展历史延绵数千年，但"体育"一词是由在日本的中国留学生引入到中国的。清朝末期，我国有大批留学生东渡日本求学，其中有很多是体育专业的学生，是他们将"体育"一词带回国内。

在我国，有关"体育"一词的文字记载最早出现于1904年的湖北幼稚园的开办章程之中，在提及对幼儿进行全面教育时，章程中作出如下表述："保全身体之健旺，体育发达基地。"

我国最早创办的体育团体是1906年在上海成立的"沪西工商体育会"；1907年我国著名女革命家秋瑾根据革命的需要，在绍兴创办了体育会；同年，在清朝学部的奏折中也开始使用"体育"这个词；辛亥革命以后，"体育"一词在我国逐渐地普及开来。

体育一词的产生与教育有着密不可分的内在联系，1762年，法国启蒙思想家、教育家、哲学家卢梭在法国出版了《爱弥尔》一书，在该书中，卢梭用"体育"一词描述了对爱弥尔进行身体的养护、培养和训练等身体教育的过程。由于这本书对当时占据统治地位的教会教育进行了激烈的批判，因而在世界范围内引起了巨大的反响，使得"体育"一词在世界各国流传开来[②]。由此可见，"体育"一词

[①] 刘广安，伊力哈木·阿布都热西提. 体育概念的沿革及其本质的哲学思考 [J]. 新疆师范大学学报（自然科学版）. 2009, 28（1）：97-101.
[②] 和海珍. 对体育概念、本质、属性的思考 [J]. 体育成人教育学刊. 2012, 28（2）：22-23.

的产生基础源自"教育",将体育视为教育体系中的一个专门领域。到19世纪,"体育"一词已经被世界上教育较为发达的国家普遍认可并加以运用。

"体育"一词在我国的采用,则相对较晚。直到19世纪中叶,随着德国和瑞典的体操的传入,清政府才在所兴办的"洋学堂"中设置了"体操课"。20世纪初期,"体育"一词由在日本留学的学生引入我国。在此以后,随着西方文化的不断涌入,我国学校体育教学在内容上实现了从单一的体操教学向着科目多元化的发展,篮球、田径、游泳、足球等教学科目被先后引入。由于教学科目的不断增加,许多有识之士提出不能再把学校体育课统称为体操课了,必须厘清概念层次,作出最具实效性的界定[①]。1923年制定的《中小学课程纲要草案》,正式将"体操课"改为"体育课"。

伴随着"体育"一词在我国的逐渐采用,其含义也经历了一个演化过程。在传入我国伊始,"体育"的含义是指身体的教育,表征着一种与维持和发展身体机能的各种活动相关联的教育过程,是整个教育体系的一个组成部分,与国际上对"体育"含义的通用理解是一致的。伴随着体育事业的不断发展,其内容、目标都大大超出了原来"体育"的范畴,由此引发了体育概念的"广义"与"狭义"之分。广义的概念主要是指体育运动,由体育教育、竞技运动和身体锻炼三个方面组成;狭义的概念则主要是指体育教育。

近年来,体育领域的诸多相关学者基于不同的视角对"体育"的概念提出新的见解,作出新的界定。通过对诸多见解的综合整理,可以将体育的概念解释为:体育是一种以身体活动为主要手段,以提升社会个体的身心健康、促进其全面发展为直接目的,以提高社会公民整体健康素质为终极目标的社会文化现象或教育过程。该定义既明确了体育的本质属性,又指出了体育的归属范畴,同时也把体育从与其相近或相似的社会现象中区别出来,具有一定的科学性。但是,体育的概念并非一经确定就固定不变,伴随着社会的发展,体育内在的含义会得到更为深入的挖掘,因此,对于体育的认识与理解也必将发生全新的改变。

---

① 赵进,黄艳. 体育的本质和概念综述[J]. 吉林体育学院学报. 2005(S1):42-43.

第三节 体育的分类

伴随着社会的发展,体育事业的发展规模和水平已成为衡量一个地区、一个国家社会发展进步的重要标志,是当今世界国家之间进行外交的重要手段,是当今世界上最具影响力的社会行为之一。体育按其功能属性可分为社会体育、竞技体育和学校体育三大种类[1]。每一个体育种类中还包括相关的文化、教育、活动、竞赛、设施、组织以及科学技术等要素。

一、竞技体育

所谓竞技体育是指以提高运动成绩为基础,争取竞赛获胜为目的的体育运动。其核心目的在于战胜对手,取得优异运动成绩。竞技体育强调对运动个人、集体在体格、体能、心理及运动能力等方面潜力的最大限度地激发与运用,竞技体育运动能力需要经过科学的、系统的训练方能得以培养与发展。其特点主要包括以下几个方面:第一,讲求对运动员的体力、智力、心理等方面潜力的充分调动和发挥;第二,竞技体育具有极其明显的对抗性和竞赛性;第三,竞技体育的参加者必须要具有充沛的体力和高超的专业技艺;第四,竞技体育具有统一的竞赛规则,在国际上通用,成绩为社会所公认;第五,竞技体育具有突出的观赏性。[2]

竞技体育发展到今天,是一个对传统项目不断继承发展、对新兴运动项目不断整合、完善以及对地域传统项目不断开发吸纳的过程。从公元前700多年古希腊时代所出现的赛跑、投掷、角力等项目,发展至今已有数百种之多,形成了一个完整的项目发展体系。如今,在全球范围内普遍开展的竞技体育项目有:田径、体操、游泳、篮球、排球、足球、网球、乒乓球、羽毛球、举重、自行车等。另外,世界各国、各地区还有自己特殊的民族传统项目,如中华武术,东南亚地区的藤球、卡巴迪,日本的柔道以及韩国的跆拳道等,也以其特有的功能成为竞技体育的重要项目。

---

[1] 廖建华,宋慎. 体育概念分类的逻辑基础 [J]. 科技信息. 2011(16): 274.
[2] 刘惠珍. 竞技体育功能与竞技体育价值的辩证关系 [J]. 当代体育科技. 2019, 9(10): 244-245.

二、社会体育

社会体育（大众体育或群众体育），是指以娱乐身心、增强体质、防治疾病、丰富生活内容以及培养体育后备人才为核心目的，在社会上得到普遍认同并广泛开展的体育活动的总称。具体包括：健身体育、休闲体育、工人体育、农民体育、社区体育、老年体育、妇女体育、儿童体育、伤残人体育、广场体育以及家庭体育等。主要的组织形式包括：个体锻炼、趣缘群体、业余体育组织、体育辅导站、社区体育之家、体育活动中心以及体育俱乐部等[1]。社会体育活动之所以能够得到普遍而持续的发展，主要原因在于社会体育具有普遍适应性，不受竞技体育相关规则的限制，可以依据参与者的需要来因地制宜地开展，同时，社会体育还具有活动组织的业余性、参与的自愿性、形式的多样性以及内容的丰富性等特征，因此，得以在全社会广泛地推广与普及。开展社会体育活动，有助于体育社会功能的充分发挥，是提高全民素质、夯实体育发展基础以及推动社会文明发展的重要途径。

三、学校体育

学校体育从其表象含义理解是指在学校开展的体育活动。学校体育的核心目的在于提高学生的体育运动技能，促进其综合素质能力的全面发展。学校体育强调对体育育人功能的全面发挥，是构成学校教育体系的重要内容。学校体育的开展需要基础设施建设、师资力量以及相关教学器材的保障。学校体育兼具社会体育与竞技体育的双重属性，一方面，学校体育通过对后备体育人才的发现与培养，使之具备了从事竞技体育训练的基础素质，另一方面，学校体育的受众群体主要是广大学生，其素质能力决定了这一庞大群体未来从事社会体育实践活动的必然性[2]。因此，加强学校体育的建设，对于推动社会体育与竞技体育的同步发展，具有重要的作用。

---

[1] 江永贞，许丽斌. 浅析人本原理视角下社会体育指导员激励机制[J]. 邢台学院学报. 2016, 31（3）：49-50, 59.
[2] 庞展敏. 学校体育教育管理与教学模式探究——评《中国学校体育基本理论研究》[J]. 中国学校卫生. 2021, 42（11）：1764.

第四节　体育的本质

体育的本质隶属于体育哲学的体育观范畴。体育是人们根据生存与发展的需要，以身体运动为主要手段来实现人的全面发展的身体文化活动。体育作为一种复杂的社会文化现象，主要包括自然本质与社会本质两大方面的内容：自然本质表现为体育活动的具体方式和手段，也显现出体育自身应有的运动本质；另一个是运用这种手段或方式来实现体育的社会目的的本质，即教育本质。正是由于自然本质与社会本质的相互结合与交互作用，构成了体育的根本性质[①]。体育本质按其作用的发挥与价值的体现，可以划分为不同的层次。其中，第一层次（也称为初级层次）包括强身、游戏与娱乐；第二层次包括对人的品格的培养与教育；第三层次，即体育的高级本质是指促进人的自我超越、自觉创造与全面发展。

综上所述，体育的本质在于其固有的根本特性，具体体现为人类社会所特有的一种身体教育活动和社会文化活动。最为直白的表述就是以身体练习为手段，促进身体的发展，体质的增强，进而达成全面发展的目的，以便于实现为社会发展服务的终极目标。体育虽然作为一种人类社会所特有的社会活动，为全世界所共享，但是在其发展的进程中，要受到一定的社会政治与经济的约束与规范，成为一定社会的政治与经济的服务手段。例如，通过体育交流来提升本国的全球性地位；通过体育来促进本民族荣誉感的提升以及自豪感的生成。

第五节　体育的功能及作用

体育是社会发展和人类进步的重要标志，是综合国力和社会文明程度的重要体现。体育在提高人民身体素质和健康水平、促进人的全面发展，丰富人民精神文化生活、推动经济社会发展，激励全国各族人民弘扬追求卓越、突破自我的精神方面，都有着不可替代的重要作用。

---

① 虞荣娟. 对体育本质、概念界定的逻辑学思考[J]. 辽宁体育科技. 2002（6）：39-41.

体育之所以能在人类社会漫长的发展进程中，得到不同地域、不同民族和不同国家人民的喜爱与普遍认同，而且其发展的态势彰显活力，在全球性的影响与作用越来越大，其主要原因就在于体育对人类社会的发展与进步具有不可替代的重要功能和作用[①]。而且这种突出的功能与作用会伴随着经济社会的发展，人们强身健体意识的不断增强而逐步提高。为了深入了解与认识体育的功能和作用，可以依据体育功能的属性将其划分为体育的独特功能和体育的派生功能两大类别，下面将对每一类别进行系统的分析与论述。

一、体育的独特功能与作用

体育的独特功能和作用是指体育自身所特有的本质功能和基本作用，具有鲜明的自我性，属于体育功能与作用的自然属性，是区别于其他社会现象和事物对人和人类社会所产生的功能和作用的根本点，是其他社会现象与事物无法取代的基本特征。体育的独特功能和作用主要包括以下几个方面的内容：

（一）增强体质，促进民族性整体素质的全面提升

强身健体是体育最为本质的功能，也是体育之所以能在人类社会中长盛不衰并持续不断发展的主要原因。通过体育手段来实现强身健体的目的，促进社会个体自由、全面地发展，这是体育的独特功能，也是体育所特有的、其他社会活动和事物无法替代的。在社会个体实现自我发展的过程中，素质具有决定性作用。从整体性来讲，人的综合素质主要包括身体素质、思想道德素质和科学文化素质，其中身体素质占有基础地位，是其他素质得以形成与发展的必要条件，也是一个民族和国家强盛的基础保障。

由此可见，体育最基本的作用和本质功能是作用于一个人、一个群体，乃至一个民族的身体素质，对人民的健康和身体素质提高以及民族的强盛具有独特作用。目前，通过体育来增强国民体质，促进民族强盛，已经得到全球范围内的普遍认同。

---

① 任励耘. 我国体育文化研究30年述评[J]. 湖南科技学院学报. 2012, 33（8）：88-192.

(二)培养人们勇于拼搏、不畏艰险、超越自我的意志品质

体育锻炼是一个身体运动的过程,不仅要承担一定的运动负荷,还要面对运动过程中随时出现的运动损伤。特别是在运动训练的过程中,更要克服诸多由体育运动产生的特有的身体困难,承受很多在正常条件下不可能获得的身体负荷与压力,这也是人们在从事其他活动过程中很难体会得到的身体感受[1]。因此,需要付出更多艰苦的努力,这会对一个人的内在意志品质产生特殊的培养和陶冶作用。强筋骨、强意志、调感情、促发展是体育突出而独特的功效,对参与者的意志品质具有重要的培养作用。

(三)培养人们公平竞争、团结协作的社会意识

体育是当今社会最具社会化的活动方式,能够增进人与人之间、群体之间、组织之间、地域之间乃至国与国之间的社会化交往。体育的这种特殊的社会化功能一般主要体现在体育竞赛当中,竞技性是体育运动最为显著的特征之一。在体育竞赛中,人们在遵循统一规则的基础上,开展公平的竞争,这不仅有助于激发人们的竞争意识,同时更能够培养人们的团队精神与协作能力。人类现实社会是一个充满着激烈竞争的场所,个人的能力与团队的精诚合作是必不可少的关键要素。体育竞赛正是为人们提供了一个展示个人能力、实现团队合作的公平舞台。尤其是在集体项目的竞赛中,没有强烈的取胜期待和良好的团结协作精神,要想取得胜利是无法实现的,不仅要求参与者要具备拼搏争胜的顽强竞争意识,更要具备与队友的团结协作精神。这种"社会化"的功能,是体育运动所独有的,也是其实现全球化发展的重要基础。

(四)丰富人们的业余文化生活,提高人们的生活质量

体育不仅具有增强体质、培养人的意志品质以及促进群体间相互合作能力发展的重要功能,同时,还具有突出的观赏与娱乐功能。人们通过参加体育运动能增强体质,而观赏体育运动则能够愉悦身心,丰富文化生活。当今世界,还没有其他任何一种活动能像体育竞赛那样有计划、守规则地开展,其中最具代表性的

---

[1] 来庆朋,程文娟,房蕊. 正念与体育锻炼行为:理论、机制与展望[J]. 体育研究与教育. 2022,37(1):8-13,27.

体育竞赛活动是奥运会,已成为现代人们生活中不可或缺的重要内容,是人们关注的焦点和欣赏的热点[①]。同时,各种不同形式、类型和规模的体育竞赛,也以它独有魅力发展成为人类社会丰富多彩的文化精神食粮,在提高人类的生存和生活质量上扮演着重要的角色。

(五)为实现社会公平、公正的发展提供必要的价值标准

公平与公正是人类所共同追求的一种理想化社会状态,是实现个体之间、种族之间以及国家之间正常交往的重要基础。竞技是体育最鲜明的特点,公平、公正则是体育竞赛的基本原则。通过在统一规则下的公平竞赛,决出名次,可以激发参与者的荣誉感与自豪感,振奋其进取精神,这是其他任何形式的社会活动和手段所不能替代的。在一定意义上讲,竞赛是体育的核心,没有竞赛就没有体育运动,没有竞赛就没有体育推动社会发展功能的形成与发展。体育竞赛的开展要严格遵守相关的规则规定,本着公平、公正的原则,在公开场合下,通过对个人或集体的体力和智力以最大限度发挥来实现。体育运动正是因为以这种公平、公正为核心价值标准而得到了不同民族和国家的普遍尊重和推崇,奥林匹克精神所弘扬的"阳光下的公平竞争"的核心思想,正是现代人类社会所需要重新构建的价值体系和价值标准的道德核心,成为推动人类社会文明发展与进步的重要动力。

二、体育的派生功能和作用

体育的派生功能虽然也属于体育功能的范畴,但是与体育的独特功能却存在较为明显的差别,这种区别主要体现在功能和作用不具备独有性,具有一定的社会化特征。体育的派生功能主要包括以下内容:

(一)体育的交流功能和作用

交流是人类社会发展的重要手段之一,其形式多种多样,不仅包括诸如政治交流、文化交流、经济交流、军事交流等社会性交流,还包括社会个体间的经验交流、日常交往等。体育运动具有增进人际交往的重要功效,是增进友谊、促进

---

① 杨耿胤. 大学生课外体育锻炼指导策略[J]. 佳木斯职业学院学报. 2022, 38(1): 152-154.

了解、实现和平共处的重要手段。通过体育活动能够促进人们的情感交流，增进人与人之间的相互了解，赢取彼此间的相互信任，进而达成改善人际关系，共同创造和谐文明社会环境的目的。

（二）体育的经济功能和作用

体育是人类社会特有的社会活动，同时，体育活动的开展需要一定的物质基础为保障，因此，在开展体育活动的过程中，必然会导致一定的人力、物力和财力的消耗。当体育发展成为一种具有诸多受众群体经常性参加的习惯活动时，体育会形成一种重要的产业，例如：体育活动所需的运动服装、器材、装备、体育场地以及相关的体育服务活动等就会随之而产生，体育的社会行业就必然会出现[1]。现阶段，伴随着职业体育的发展，体育产业已发展成为重要的经济支柱，在社会经济生活中发挥着越来越大的作用。

（三）体育的教育功能和作用

育人功能是体育重要的社会职能之一，参与体育活动的过程中，除了能够实现对自身健康素质的提升，同时，还能促进参与者道德品质的培养以及完美人格的塑造，从而确保人的全面发展。另外，体育是学校教育体系的重要组成部分，是教育的重要手段和内容，当今世界几乎所有的国家都将体育纳入本国的教育体系。因此，体育的教育功能与作用得到最为全面与有效的诠释，成为培养人们健康素质、改善生活方式、促进集体主义精神与爱国主义精神自主生成、强化对人们吃苦耐劳以及顽强拼搏的意志品质培养的重要途径。

（四）体育的娱乐功能和作用

体育运动之所以能够得到人们的喜爱与推崇，一个至关重要的原因在于体育与文化、艺术等活动一样具有较为突出的娱乐功能。人们在参与体育运动的过程中，能够切实体验到体育运动所带来的乐趣和成就感，形成一种乐此不疲、持久性参与的需求心理，因而体育运动成为人们在日常生活中进行娱乐活动的重要形式[2]。

---

[1] 黄益发. 论体育功能对社会经济发展的作用 [J]. 中小企业管理与科技（上旬刊）. 2012（8）：181-182.
[2] 谢弥青. 体育的休闲娱乐功能与构建和谐社会 [J]. 武汉体育学院学报. 2007（11）：7–11.

此外，体育还具有政治功能、外交功能以及科学研究功能等多种派生功能，这些构成了体育较为完善的派生功能体系。体育的派生功能促进与保障着体育运动本身在人类社会中的不断发展。

第三章 体育与审美

第二章 報告と文書

第一节　体育与审美的联系与区别

首先，体育与审美的关系是十分密切的。通过体育锻炼可以使人的体质得到增强，获得一个肌肉发达、匀称健美的体型，并具有良好的力量、速度、耐力、技巧；通过审美活动，可以提高人的鉴赏美的能力。这无疑会促进人们对于健康和健美的自觉认识，不断增加人的体育锻炼兴趣。

一个全面发展的人，必须是身心俱健，精力充沛，精神饱满的。

由于"健"是"美"的基础，人的美以体健为基石，所以体育是审美的载体和物质基础。而审美能帮助人们在精神的自由与快乐当中进行身体锻炼，普遍地增进人们的身心健康，使之体型美化，体质增强，运动技能与水平提高，并且益寿延年。有些运动项目。如花样滑冰、花样游泳、跳水、艺术体操、健美操、体育舞蹈等。其本身就是健与美的统一，体育与审美的结合[①]。特别是20世纪30年代兴起的健美运动，一反其他体育比赛的激烈、惊险和对抗，参加者在明快的音乐伴奏下，做出各种表现肌肉与力量的姿势，寓刚于柔，柔中见刚，既展示了人体的健全与健康，又表现了最高形态的自然美——人体美。健美一方面有健身价值，另一方面又有审美价值，能进一步激发人们对体育锻炼的热爱，对健与美的追求。

健与美体现着人体生理和心理的内在发展规律的要求，贯穿于人的体育教育和审美活动之中。因此，从健与美的总体要求来说，体育与审美的关系，从来就是结合紧密的。

其次，体育与审美也是有区别的。从教育目的上看，体育是一种体质教育，其目标是建立理想的体质结构。它侧重于人的"身"的方面的锻炼，以促进体格强健、体能的全面发展，提高人对外界环境的适应能力和生存能力。而审美是一种美感教育，与体育侧重于身体锻炼相对应，其目的则是完善人的心理结构，它通过对人的审美能力（对美的感知力、想象力、理解力等）的培养，帮助人们树立正确的审美理想，提高审美趣味，以实现人的情感和心灵的塑造。

[①] 于壮. 应用型本科院校体育教学中渗透审美教育的研究[J]. 体育视野. 2020（10）：93-94.

从教育媒介上看，由于体育重在体能培养，审美重在心灵塑造，因而二者实施教育的媒介也必然有所不同。一般来讲，审美只能把现实和艺术中的审美因素，即把各种各样的审美对象作为媒介，而体育则不然，它的教育媒介则要相对多样、宽泛一些，不仅限于审美对象。通常，体育教育是把能显示身体强壮、精神饱满、精力充沛的，能充分发挥身体潜能的具有典型意义的整体形象（主要指人的身体）作为实施教育的媒介。

需要指出，审美媒介与体育媒介虽然有些不同，但它们在一定程度上又是互相关联的，即在媒介的外延方面有重合之处，如都可以把人体作为教育媒介就是例子。由于二者的教育目标不同，因此在媒介的选择上也有不同的侧重。比方说，同时把人体的感性形象作为教育的媒介或范本，审美可以把任何美的人体作为范本，而体育则只把健康的身体作为范本。所以，就媒介的选择而言，审美选择的是审美形式，而体育选择的则是标准典范。

从教育的方法和手段来看，以培养和塑造人的心灵为目标的审美，除了使受教育者亲自参加审美实践活动之外，还需要通过一定的教育方法和手段，指导他们进行自由观照活动。而在这一点上，体质教育则有些不同。以发展和造就人的身体为目的的体育，主要是通过教者的示范作用和受教者的自我身体操作（身体练习）来实现的[1]。如果说，在审美教育中，艺术鉴赏和艺术创作虽然是一个动眼、一个动手，却可以殊途同归，想要达到完善的审美心理结构话，那么，进行体质教育时，若是只动眼，不动手，不亲自去操作一番，则永远也不能达到塑造理想体质结构的目的。在体育教学理论中，之所以反复强调身体练习的重要性，并把它视为体育教学的基本特征，其主要原因就在于此。

在审美教育中，观照是一种超功利的对于形式的自由感受，是在情感的推动下，感知、想象、理解等心理因素自由和谐的运动。而在体质教育中，施教者的讲解、示范和受教者的身体操作，都显示出鲜明的功利特色，需要有意志地参与。可以说，如果没有超越自我的意志努力，施教者的任何示范，都不能引起受教者的自我身体操练活动，也不能使身体受到锻炼和体质得到增强。因此，审美侧重于自由观照，体育侧重于意志操作，就构成了二者在教育方法和手段上的不同特点。

---

[1] 王伟红. 体育文学的审美特点与价值 [J]. 芒种. 2017（14）：123-124.

第二节 审美感与体育

一、人的审美心理结构

审美是自然和社会生活中普遍存在的客观现象，而审美感和审美意识是人类的审美需要得到满足时产生的精神愉悦，是人们在审美活动中对于美的主观反映、感受、欣赏和评价。美感，是主体在观赏审美对象时所产生的动情的、积极的综合心理反应，是人的审美心理结构所产生的功能。它具有广义和狭义的概念。广义的美感，又称审美意识，指的是审美主体反映美的各种意识形态，包括审美感受以及在审美感受基础上形成的审美趣味、审美观念、审美理想。狭义的美感，指的是审美主体对于客观存在的审美对象的美的具体感受，即审美感受。这种感受往往表现为一种心旷神怡的心理状态。而这种状态，在一般情况下，包括对美的认识、体验、欣赏与评价[①]。

审美心理结构是人类通过漫长的实践积淀的审美特质。美感作为一种高级的情感体验，作为愉快的自由感，正来源于主体心理结构上的这种审美特质。主体的审美心理结构既是人类社会实践的成果，又保存在社会成员个体中作为一种审美潜能存在，需要通过审美教育加以开发，自觉地进行建构。对于社会成员个体来说，审美感受由于主体建构的差异而具有个性的特点。

二、美感与体育

体育引起美感首先是参与者的自我感受。当体育进入人的审美视野后，体育就变成了特定的审美对象。体育美感是主体的美感和客体的美感结合在一起的。它的对象是由参与者自身的动作和行为所构成，是一个自我创造、自我表现和自我欣赏的过程，而同时又是欣赏者通过自身仿效、体验而领会的过程。体育美感不仅表现在欣赏者身上，也表现在表演者的身上，这就表现出体育美感的双重性，

[①] 朱峰，王雪梅.体育教学对学生心灵视觉审美教育的潜意识影响[J].赤峰学院学报（自然科学版）.2016，32（16）.

这是体育美感的重要特点。

运动员对体育美的自我感受，首先是从技术动作美开始的。自我感受到技术动作美，不是自发地产生的，而是受旁观者或前人的经验传授而产生的。运动员自我表演的技术动作美，是美感中的情感活动和想象活动融为一体的结果[①]。情感是反映现实的一种重要形式，它直接显示现实与人的利益和需要之间的关系。快乐与痛苦、热爱与仇恨、赞叹与鄙视、自豪与卑微、激愤与恐惧等，都是人在不同条件下表现出的不同的情感体验。美感中的情感活动由于以形象思维为基础，所以美感中情感的对象也必然是形象，而不是那些抽象的原则。

在体育美感的情感活动中也是如此。体操运动员热爱体操，足球运动员热爱足球，篮球运动员热爱篮球，他们所热爱的具体的体育项目是在社会生活中占有重要地位的体育事业，而不是体育运动中的某些抽象原则或教条。

三、体育美感的基本特征

体育美感对体育运动的创造活动有能动的作用，是一种审美的认识活动。作为一种认识活动，需要有体育运动的主体和客体两个方面，是一种反映和被反映的关系，因此体育美在先而体育美感产生在后。

（一）直觉性特征

体育美感的直觉性是因为审美对象即运动员或运动项目具有形象性，并由它的社会内涵反映到形式中所决定的。美的内容要表现为一定的外在形式，如运动员的身体美、运动美、精神美、技术美、战术美等。

这些美都可以直接作用于审美主体和运动主体的感官，它们不仅使审美主体和运动主体感官产生相应的官能感受，而且它们的形象结构可以和审美主体与运动主体的心理结构产生某种对应关系，从而引起心理的共鸣，形成异质同构的关系。

从审美主体（即观赏者）和运动主体看，他们都具备直观感知对象美的感官功能。一场精彩激烈的篮球赛，队员的跑动穿插、默契的配合、高超的技艺、顽强的拼搏精神，时而赢得观众赞美叫绝，时而又使观众为之叹气惋惜，使审美者

---

① 体育教学中大学生审美情趣培养研究 [J]. 大庆社会科学. 2018（3）：123-125.

陷入情感的变幻之中,形成了不同的表现形态,从体育美中直观人的力量、智慧、能力、技术、战术和创造精神,在潜移默化中受到感染和教育[1]。

直觉性不是超社会、超理性的,它是在人类长期积累起来的大量生活经验和思维的基础上进行的。所以,我们要充分估计直觉性在获得美感时的作用,又要正确地看待美感的直觉特征,任何片面夸大或缩小审美的直觉性都是不妥当的。当然,我们所说的直觉性与西方流行的直觉主义是有着本质区别的。

(二)发展性特征

随着人类社会的进步,科学的发展,人们的审美意识也越来越增强。从远古时代的人体强壮之美,到现代的人体健美以及与智慧结合的内在美和外在美的和谐统一,人们审美观的演变足以说明人们的审美标准在日益提高,对美感的认识也与日俱增。对于体育美学的研究也是如此,从一般地揭示体育运动项目审美特征到用体育美的理论指导教学、训练、欣赏、比赛,无不说明人的美感是随着对审美客体的认识步步加深且步步发展的。

运动客体的形式及其内容是丰富多彩的,审美主体却只能在特定的时间、特定空间去认识它、反映它。列宁曾经说过:"唯物主义者认为世界比它的显现更丰富、更生动、更多样化,因为科学每向前一步,就会发现它的新东西。"运动客体物质的某些方面还没有显现出来,审美主体就不可能认识它、反映它。所以,审美主体对美的客体的认识是一个长期的复杂过程。它是由不知到已知,由知之不多到知之甚多以至完全知之的过程,是由浅入深、由表及里、由简单到复杂的认识深化过程。

(三)差异性特征

人的审美修养和审美能力,是在体育运动的实践中逐步形成的。由于人的社会分工和实践的内容不同,知识和才能存在差别,所以不同的人掌握体育审美的尺度就不同。同一审美对象在不同的审美主体那里反映的深浅、正确与否也不尽相同,有的鲜明些、充分些,有的则模糊不清,甚至没有反映[2]。因实践范围的不

---

[1] 格桑次仁. 在高校体育教学中渗透审美教育的思考 [J]. 新校园(阅读). 2015 (9): 17.
[2] 许鲁闽. 体育审美教育促进大学生体育锻炼行为的研究 [J]. 曲靖师范学院学报. 2015, 34 (3): 108−111.

同，对体育审美活动的了解、认识程度也不同。体操教练员与裁判员对体操运动的美感就比一般人甚至是比体育其他项目的教练员和裁判员认识得深刻透彻、细致入微。

审美者的性格爱好融于体育美中可以形成独特的体育美感。运动主体和审美主体往往认为自己喜爱的东西是美的，讨厌的东西就是丑的。

不同时代、不同地域的审美主体对体育的审美活动、认识、把握存在着差异。总之，由于体育美的多样性，由于时代、民族、地域甚至阶级的不同，由于审美主体的审美素质、思想感情、文化修养、个性爱好等不同，体育美感具有差异性特征。

（四）愉悦性特征

体育美感以它特有的愉悦性特征吸引着越来越多的人，使它成为人们欢度余暇的一个必不可少的内容，起到了满足人们精神需要的作用。体育的运动美，特别是竞技运动美，它的技艺日益向难、高、险、新方向发展。有些运动员能够在一定的时间和空间内尽善尽美地完成高、难、险、新的技术动作，使健、力、美高度统一起来，使人产生出一种赏心悦目的感受。在紧张的工作和劳动之余，人们通过观赏体育美的表演和比赛，可以获得精神上的享受与愉悦。而运动员通过参与体育运动，能够在完成各种动作中，与同伴默契配合，与对手比较智、勇，在奋力竞争中，获得一种喜悦的体验。通过体育运动的参与和欣赏活动，运动主体和审美主体内心充满欢乐，不良情绪荡然无存，性格越发开朗，心情更加愉悦，心旷神怡之感油然而生。

第三节　体育的审美意识

审美意识是客观存在着的诸种审美对象在人们头脑中能动的具体的反映，具有知觉、意志、情感等多种功能，表现出审美意识的不同层次和不同阶段。我们从审美意识的功能产生的过程和相互连接与作用的角度来观察，就会发现审美意识的知觉功能是审美对象的直接反映，具有客观实在的内容，它是审美意识的客观基础。审美意识的情感功能，一方面来自人们以往的经验材料，另一方面又来自知觉功能所提供的对象的实在内容，而以往的经验材料也是经过知觉功能提供的，归根到底仍然来自生活实践。审美意识的意志功能既要依赖于知觉，又要表现为情感，从而完整地体现了审美意识。

体育的审美意识，具有知觉、意志、情感等多种功能。运动员对自己参与运动项目的掌握程度，观众对自己所观赏的运动项目的认识水平，直接影响他们的审美情感。如观看足球比赛时怎样才算越位，体操比赛如何评分等，没有必备的知识和经验，必然会影响他们的审美情感。同时，审美意识也离不开作为物质因素和精神因素的生理过程和心理因素。如在观看拳击运动时，有的观众认为很美，但有些观众心理承受不了这种比赛[①]。人们在参与和观看体育活动过程中，审美意识油然而生，并通过一定的心理形式表现出来。有的运动员在比赛过程中过度兴奋和紧张而导致失败，这是心理素质的失败，而不是技术动作本身的失败。因此，运动员在培养审美意识时不能不注意心理素质。

体育审美意识不仅同生理过程和心理因素有关，还与人的社会道德观念有一种客观联系。由于以体育美感为核心的审美意识的主体是人，而人是受社会道德制约的，因此，在体育活动中，人们评价某一动作或某一运动员的表现是否完美，是和审美意识主体的道德观念相联系的。

如某一技术动作很成功、很漂亮，便表现了体育美，受到观众的赞誉，给人以美的享受。某一动作虽然成功但很粗野，也不可能给人们美的享受。所以审美意识会表现出巨大的社会功利内容和效果。人们观赏运动项目，在思想感情上受到感染熏陶、潜移默化，起到其他意识形态所不能代替的教育作用。可见，体育的审美意识的社会功利内容和效果体现于比较间接的方式中，并通过一种特殊的心理反应过程而达到和实现。

第四节　体育的审美个性

审美意识既具有客观的社会标准，又具有丰富的个性差异，这两方面的关系相辅相成，十分复杂。由于客观的审美对象千姿百态，人的个性特点又丰富多样，

[①] 张洋，李贵森. 论体育对大学生审美教育的作用[J]. 中国青年政治学院学报. 2014，33（5）：41-43.

所以个体审美能力的色调也是非常丰富的。在美的欣赏和判断中，主体会对某些对象以及对象的某些方面表现出特有的喜好偏爱，表现出一定的审美趣味。在各不相同的审美趣味之间，不但有高下之分，而且有健康与病态、进步与落后之别。在美学上，审美趣味常常被视为主体审美能力发展水平的标志。一般说来，人们的审美趣味总是通过个人表现出来的。这样，对于不同的个人来说，他们的审美要求和取向，又必定表现出这样那样的差异。

既然体育审美趣味是以主观爱好的形式体现对体育运动的认识和评价，那么人们在丰富多彩的美的形态中，就有着充分选择对象的自由。趣味判断不是赤裸裸的道德概念，爱好不能强制，它在自由方式下体现着一种普遍必然性。体育审美反应的个性特征不能简单地理解为感官生理的原因或笼统地加以分类，应该看到其中的多种原因和因素。

体育运动的多样性决定了人的感觉的丰富性，而审美感受又是不能脱离感觉的一种特殊的意识活动。对于具体的运动项目，由于人们的兴趣、爱好不同，观赏角度和欣赏水平不同，他们所感受的美就不一样。决定体育审美感受的差异性，除了感知形象的个性差异外，还有理解内容的个性差异。人们对体育运动的认识，是由长期体育实践经验培养起来的，每个人的具体体育实践各不相同，因而对待体育运动的具体态度也就有所不同，如选择、敏感、注意、侧重等，从而他们在审美中的理想、理解以至情感反应也有所不同[1]。因此有些人偏爱球类运动，有些人喜欢田径运动，甚至对于同场次的比赛也各有相异的看法。心理能力和体育运动实践所构成的个性差异，还表现在人们各不相同的审美活动中的心理特点和观察、思维的方式。例如：在体育审美感受中，有些人善于捕捉对象的细致的变化，即运动员高超的技术动作，有些人则侧重注意运动员与周围环境的联系。

在肯定体育审美意识必然反映一定社会、民族利益的原则下，审美反映中的个性差异这一特征表明审美意识并不排斥审美趣味中的主观选择和偏爱现象。由于个人体育实践的不同，思想情感相对侧重的不同，爱好兴趣以及性格气质的不同，审美能力、体育知识、特点的不同，在一定范围内，人们在审美活动中便会有个人不同的偏爱，也可以保持个人的偏爱。但是，趣味的丰富性和规律性是统一的。审美感受的社会的、民族的共性总是要通过个人主观的感性爱好表现出来。

---

[1] 张鹏. 体育教学与体育审美艺术[J]. 中国科教创新导刊. 2013（20）：196.

假如离开了个人独特的审美感受,那么审美意识的客观规律也就不能存在了。

这就是说,如果审美主体没有个性,审美感受的丰富性也就不存在。同时,如果否认个体审美感受的客观的、社会的标准,把它看成纯粹主观的、个人的、随意的东西,也不可能正确理解个人的审美意识对他的社会地位的从属性。总之,体育审美意识感受的个性差异与审美感受的客观标准是统一的,体育审美意识的具体的心理活动与审美意识的普遍的社会本质是统一的。

第四章 体育审美教育

第四章 机电集成装备

第四章 体育审美教育

第一节 体育审美教育概念

体育审美教育,简称美育,又称美感教育。它是通过一定的方式、设施,培养人正确、健康的审美观点及审美情趣,提高人的欣赏和创造美的能力的教育。

审美教育是人类文明发展的结果,也是人类自身建设的重要方面。它要求人们将历史上已经积累下来的美感经验和审美成果,通过有效的教育手段传播给下一代,按照自己的审美理想去要求自己和下一代,使之在继承已有成果的基础上,将美的欣赏与创造活动不断推进,从而实现人类自身的美化。

审美教育有着悠久的历史,尽管美育这一专有名称出现较晚,直到 18 世纪时,才由德国浪漫主义诗人和剧作家席勒正式提出,但人类的美育实践活动,却可以追溯得更早。可以说,当人类开始与周围世界发生审美关系时,即当人们不仅从实用功利目的,而且也从审美的意义上对待客观事物的时候,美育活动就产生了。此后,随着社会物质文明和精神文明的发展,随着人类主观意识不断提高,美育活动日趋自觉和成熟,美育的内容也越来越丰富,因而也就愈益受到人们的普遍重视。

体育审美教育是人们在体育领域中所进行的美育活动。它主要是通过协调发展的身体和匀称的体态,有力、熟练、敏捷、优美的动作,以及开朗的胸襟、坚毅的性格和高尚的情操等具有示范意义的形象,对人实施美感教育。由于美育能帮助人们从审美的角度获得对于自然和社会的认识,所以它对人的其他教育活动,如德育、智育、体育等都有积极的意义。而体育审美教育也正是针对美育对体育的作用提出来的,因此,研究体育审美教育,首先就要弄清楚体育与美育之间的关系。

第二节 体育审美教育的理论构建

体育审美教育的价值取向一方面直接表现为广大群众对自身在体育活动中审美趣味的满足与体验,以塑造个性,形成自我超越能力;另一方面又要把对体育美的鉴赏和创造作为教育的理想，使人们对自然、社会与自我辩证统一，真正实现体育运动中的真、善、美[①]。为此，体育审美教育理论的建构与发展，围绕繁荣文化这一中心任务，以审美文化的当代发展为基本线索，以素质教育思想作为理论基础，强调理论与实践的结合，对提高人们的素质，培养人们的体育审美文化行为具有重要的意义。

一、以审美文化的当代发展为基本线索

改革开放以来，当代社会生活发生了巨大变化，尤其是文化传媒的革命性变化，如广播、影视、新闻出版等大众传媒的繁荣，使文化走向大众，使得审美由知识分子心目中的"精英"文化变为大众的生活方式，展示了当代中国物质和精神发展的新面貌。应该说，社会的变革，为当代审美文化的发展带来了新的契机，由此出现了从未有过的审美文化大发展的活跃景象。审美与生活的融合，成为大众的活动；娱乐化、技术化、商品化渗入到审美活动之中，成为人们日常的生活方式。审美文化的这些景象反映出人们对自身价值的肯定与个性的发展，使审美文化活动成为当代人生存状态的一种特定选择，审美活动与生命活动得以充分地融合。这些审美文化的当代发展特征，表明当代审美文化对大众精神生活的影响。同时，也反映出人们的审美价值取向，审美趣味的生存实践等都发生了深刻的变化。这些变化反过来也深刻地影响到人们的精神素质和行为方式。

20世纪90年代以来，我国的审美文化研究开始走出从哲学的、思辨的、高雅艺术的象牙塔，引向了对文化的、感性的、大众的日常大众活动的关注。这一发展态势，表明了审美文化对民众生活的巨大影响。体育是文化的系统构成，是文化发展的能动反映。人类之所以热爱体育，以体育为美，是因为人类已将体育视为展现自己本质力量的一种方式。我国全民健身计划的实施及健身娱乐业、体育用品业等体育产业的蓬勃兴起，都说明了体育不仅仅是一种供人们观赏的运动或少数人的审美权利，而且是人们开始真正地、直接地实践着自己生存状态的体验，追求体育审美的技术范式，成为人们生活中不可缺少的文化。

当代审美文化的发展，给体育审美教育提出了新的课题。从积极的方面看，

[①] 平朋刚. 在高校体育教学中渗透审美教育的思考[J]. 体育世界（学术版）. 2017，（05）：88-89.

作为美学分支的体育美学,它直接面对着人类的健康与生存,它更本质地关心着文化的和人的问题。正如有的学者指出的:体育审美价值对行为人对社会所具有的愉悦、宣泄、创造和解放效用表明了体育对大众生活的巨大影响。人们通过体育肯定人的主体价值,以自娱自乐的形式,选择他们所喜爱的运动,尽情地抒发"优美姿态",体味着奥林匹克的口号:重要的不是胜负,而是参与;实践着运动带来的实际效用,呈现出人们对体育审美价值的多元取向与审美趣味的生存实践的景象。个体的审美价值观终于得以自我确认,使体育审美逐渐成为当代人一种普遍的生存状态。

社会的变革,审美文化的发展,拓展了体育审美教育研究的领域,我们应以审美文化的当代发展为线索,并在实践中丰富体育审美教育理论,以适应新的形势发展要求。体育审美教育在实践层面的发展首先表现在体育审美教育的对象与途径的扩大上。我们应以开放的、综合的体育审美教育观点为导向,把实施体育审美教育的对象扩大至包括各类学校的学生和运动员在内的广大的社会公众,以学校体育、竞技体育与群众体育三大范畴作为系统实施美育的途径。学校体育与竞技体育实施美育的对象是学生和运动员,通过政府行为强调并予以实施。群众体育主要对象为社会公众,面向社会公众进行体育审美教育,不适合采用学校体育的组织形式和实施手段,只能借助传媒的力量和相关的美育手段与途径,如体育场馆、体育表演、体育广告、电视、书刊等,在公众欣赏、娱乐健身的过程进行审美教育。由于体育中的许多技艺、游戏、竞技运动等都具有独特的审美形式,它凝结着运动技术实践过程中形成的美的尺度[①]。当参与运动的人的才智从审美技术行为中得到感性显现时,便会感到一种自由创造的愉快。随着大众体育活动的开展、审美趣味的丰富,表现出大众对体育审美技术行为向人们的生存实践中不断延伸,把技术美的宗旨和原则应验到人们的具体审美趣味中。所以,体育审美技术行为不但是当代人们体育审美意识转换的新特点,而且也构成了体育审美教育的一种突出特征,完善与优化体育审美技术行为的范式,使之在实践上丰富体育审美教育理论,提供了新的视野。

[①] 冯萍. 我国体育美学发展的态势与展望[J]. 武汉体育学院学报. 1996(3):3.

二、以素质教育思想作为理论基础

长期以来我们谈体育审美教育注重的是人们的某种或某些感受美、鉴赏美等方面的技能专长，或是有较高的审美能力的人，其价值取向定位于培养审美的人。固然，培养人们的审美能力是"美的人"必备的条件，但培养"美的人"则是使"人的本质力量的最完满的展现"。因此，体育审美教育面对的是对人的生命存在及其发展的整体关怀，以素质教育的思想作为体育审美教育理论的建构，是培育"美的人"最切近又最具有指导意义的。

素质教育产生于我国广泛而特定的文化与社会发展的大背景。"素质"概念原来主要运用于生理学、心理学之中，指与生俱来的解剖生理特征。但素质教育概念确立以后，"素质"已经变成教育科学中的一个基本概念，其含义已大大丰富。它是正在发展的一种新的教育文化价值观的反映。根据社会和时代发展的要求，体育审美教育应以发展与培育人们的各种素质为目的，在群众体育、学校体育、竞技体育三大范畴中，围绕提高受教育者的各种素质这一中心而运转。体育审美教育中的"素质"就不是单单理解为靠"跑跑跳跳"的运动来提高人们生理与心理指标，而应当理解为通过体育审美教育，使人的生理特征、心理特征和社会性特征的有机统一的素质得到充分发展，达到以美育体，以体育"美的人"的目的。

以美育体，就是要在体育的各种活动中，按照美的规律和人的审美心理特点与审美法则，把人们引入审美氛围之中，使活动过程中各环节都具有较为丰富的审美性；通过体育中的审美因素，发展人们的体质结构，挖掘身体的潜能，实现人的生命生存价值；以审美的手段来更好地培养人的健全的素质结构。进入21世纪，体育指导和促进每个人的潜能得以发挥和发展，在不断超越中把自己推向更高的境界。体育中的美是不断被创造、被发展的动态变化中的，人们不仅享受着体育美的结果，更在体育活动过程中使自身得以全面发展，才能得以创造与发挥。而人的个性与主体得以进一步发展，正是素质教育最根本的体现。所以，以素质教育作为理论基础，可使我们深刻地把握当代体育审美教育的本质特征和功能价值。

三、强调理论与实践的结合

针对目前体育审美教育研究的现状，我们认为应在研究方法上做某些突破。

例如，我国美育理论学者提出采用类型学的研究法，通过分类研究的方式进行研究是一种很有必要的研究方法。我们可以对体育中的各种审美形态（如优美、壮美、巧美等）作细致的分析，并剖析不同审美形态的美育特性。这样不但对体育的审美范畴功能和价值的研究变得具体化，而且也是理论研究从抽象到具体推进的重要途径。采用心理学的研究方法，则是以个体审美心理结构的一般性和差异性以及随年龄增长的发展为主要对象，特别是以青少年的体育审美心理的发展为重点，以体育的审美能力、审美意识、审美个性差异和审美发展四个范畴为研究内容，使体育的审美功能具体落实到对受教育者的心理建构上。这样不仅使体育审美教育理论与心理学的研究相联系，而且在方法上把审美的教育心理作为科学依据之一。在这个意义上说，心理学是体育审美教育理论构架中的中介层面，也是沟通其理论和实践的桥梁。[①] 培养人们的体育审美能力，需要人们积极主动地投入审美活动中去。

第三节 体育审美教育的特点

体育审美教育作为体育与美育相结合的产物，它不同于一般的教育活动，往往表现出自己的特点。这些特点通常包括形象示范性、情感陶冶性、方式自由性和效应持久性这四个方面：

第一，形象示范性。体育审美教育是一种形象示范性的教育活动，它总是通过具有鲜明生动形象的教育媒介（即审美对象）去引导和感染受教者。例如，运动者的健美体魄往往使人倾倒，激起人们由衷的羡慕，不少人还会把它作为标准范型去操练。再如，运动者娴熟的技艺、优美的动作，都是以具体可感的形象诉诸人们的感官，使人产生强烈感受。而且这些体育运动形式，由于具有示范意义，所以经常会引发人们的赞赏、模仿，并进入审美境界。

第二，情感陶冶性。体育审美教育是体育中的美育活动，是一种情感教育。它是在教育过程中，使运动者和观赏者产生愉悦的情绪体验，从而得到心理上的审美满足。这种以美感人、以情动人的教育方式，最能引起人的感情共鸣，使情

---

① 黄斌，王寅昊. 普通高校体育教学中强化审美教育的必要性研究 [J]. 体育科技文献通报. 2018, 26（3）：26，110.

绪得到陶冶。体育审美教育通过审美对象使人们产生的情感，它不同于一般的情感，而是与理智感、道德感渗透、交融在一起[①]。因此，这种情感往往能转化为探求真理、高扬意志的精神动力，而这种动力又是人的性情得到深刻陶冶的结果。

第三，方式自由性。体育审美教育不是一种强迫性的教育，它是以自由的方式进行的。就是说，在教育过程中，人的活动是自由的、协调的、轻松愉快的。这是因为，体育审美教育主要是依靠审美对象的魅力吸引和引导，即平时人们常说的"寓情于教，寓乐于教"。所以，在审美教育活动中，人们可以通过静态观照和自身操作，达到审美境界并进入审美经验过程。

第四，效应持久性。体育审美教育是侧重于人的性情的陶冶，因而会产生深刻持久的审美效应。体育审美教育主要是通过生动鲜明的形象去唤起人的情感激动，在人的头脑中留下深刻的痕迹和烙印，并产生持久的影响，一经触发便会立刻活跃起来。这种形象感染力常常会转化为新的审美需要和期望。有时候，一堂生动的体育课，会引起学生长期进行体育锻炼的兴趣；一场精彩的体育比赛，可以给人留下终生难忘的印象。这些都是体育审美教育的"效应持久性"特点的具体体现。

第四节 体育审美教育的作用与功能

体育的美学价值是随着人类社会的发展和人类文明程度的提高而不断得以扩展和丰富的，人类最初的体育活动是以用于生存自卫的各种身体动作来表现的，其美学价值远比近代或现代体育低得多。到了近代，由于人类文明程度的提高，科学技术的发展，体育、科学、艺术三者有机结合，使体育更具美的独特魅力，体育的美学价值得以更广阔地扩展和丰富。一方面，体育自身的内容、运动项目的种类、方法、手段等日益变得多种多样，更有助于向人类传递各种体育美的信息，人们在进行体育运动和体育欣赏的同时，得到美的享受。另一方面，现代体育自身内容和风格高度艺术化，并与其他艺术形式高度融合。通过人的形体与造型的塑造，技术与技巧的糅合，使体育在相当大的程度上成为一门观赏性极

---

① 吴庆华. 体育的美育功能[J]. 武汉体育学院学报. 2004（1）：22-23.

强的艺术，以其独特的美的典型创造。体现人的本质力量，表达人类美学的本质意义[①]。

一、体育审美教育的作用

体育进行审美教育的独特性在于体育运动中的美感能为旁观者所感受。运动者既是审美主体，又是审美客体，是审美主客体的重叠，也就是说体育活动中的审美对象自身也产生审美意识，舞蹈、戏曲等表演艺术与此类似。因此，在讨论体育的审美教育作用时我们应对此加以重视。

（一）健康的身体有利于美感的形成

人体是世界上最复杂、最高等的动物体，它由大脑来实现认识体验和意向活动，身体的健康必然反映大脑机能的正常，身体的疾病也肯定体现着大脑机能部分的紊乱，反之亦然。健全的体格也为艰苦的脑力劳动提供了保证，动作的灵敏性是和思维的灵敏度相互促进的。因此，人的各方面的发展，必须建立在一个基础之上，这就是健康的身体。人健康发展的障碍与终止，意味着个体物质和精神发展的中断与结束，所以健康的身体是审美主体产生美感的重要物质基础。自然，体育的审美教育作用，首先体现出来的就是它为审美提供了一个坚实的基础——健康的身体。

（二）体育运动可以促进人的审美感知能力的形成

一切审美活动都是以审美感知为发端的，审美感知能力的强弱决定着审美能力的高低。为了增强人们的感受，就要求积累感受美所需要的体验，而以体验为主体的体育应当成为积累美的经验的理想途径。

经常从事体育活动，能提高人体对外界环境的敏感度和适应能力，使大脑皮层对各种感觉的综合分析能力增强。体育锻炼带来的运动感觉、肌肉感觉、节奏感、时空感等等能使人视野开阔，反应敏锐，生命力旺盛，可为获得健康的审美意识打下良好的基础。与其他审美活动不同的是，体育活动中除了视觉和听觉，还具有一系列与运动有关的感觉，有助于审美感知能力的增强，帮助美感的获得。

---

① 左新荣，崔琼. 大学生身体美、运动美和人格美认知的调查分析 [J]. 北京体育大学学报. 2007（2）：175-177.

(三)体育可以丰富人的审美情感

体育活动可使人精神高度集中,是控制精神紧张、心理失调的有效途径。在体育活动中能消除和宣泄压抑的情绪,保持心理健康。体育活动不仅影响着参加者的心理参数,也影响到他们的性格特征,尤其对情绪的稳定有极大的作用。这对进行正确的审美判断来说是必不可少的。

参加体育活动有如纵情想象,它像一种净化剂,通过社会认可的渠道,使参加者被压抑的情欲和精力得到升华,起到与艺术平等的审美净化作用,从而达到情绪的和谐。身体的健康,肌肉的匀称,体魄的雄伟,动作的优美、协调、灵活与胜利的喜悦,都给人以美的情感体验。

运动是人类情感永不衰竭的源泉,体育比赛永远渗透着积极创造的情感。共同感受和共同参加运动是体育中情感培养的根基,参加者心理、生理机制和行为变化上的一致性,甚至观众和运动员心理上的吻合都是这种情感的基础。这种共同经受的感情往往能从精神上得到升华。当运动员或观众克服了自身的功利主义思想,[①]把情感导向对运动本身的观赏时,他们就会处于精神上净化的状态,进入美和崇高的境界。因此,体育在审美教育中的价值最终还要体现在运动员和观众对体育本身美的欣赏。

随着时代的发展,群众性体育活动的普及和竞技体育运动水平的提高,美和娱乐性已经成为体育运动的追求目标。深入社会生活的群众性体育活动越来越突出了娱乐性的特点,而娱乐性正是体育审美教育的作用之一,人们在空闲时要进行一些轻松愉快的活动,缓解由繁忙工作带来的紧张情绪。娱乐体育就是这样一种常用的休闲方式,人们以富有乐趣的活动形式度过空闲的时间,在精神和肉体上都得到休息、放松和享受。审美教育要寓教于乐,主要通过对情感的潜移默化的影响来达成。身体娱乐活动能赋予生动鲜明的审美对象以活力,引动情感变化,提高人的审美能力,寓健身于娱乐之中,使健身与高尚的审美理想相结合,成为一项陪伴终身的兴趣和爱好。竞技体育运动虽然不以娱乐为目标,但以最终的价值成果作为评判标准,使竞技体育呈现一种美的状态。在竞赛中,不仅运动员能体验到美,旁观的人(包括同伴、队友、教练和对手)也能获得美感。观众从欣

---

① 万星,李冬勤,唐建忠. 体育美的内涵释义与魅力展现[J]. 体育文化导刊. 2018(11):147–152.

赏的角度获得的美感，往往较运动员体验到更强烈、更鲜明、更集中。竞赛能突出、浓缩地表现身体运动的美，美总是富有感染力并以生动的形象展示出来，这个形象就是运动员，从运动员身体的角度能最直接地看到美。总的来说，可以感受到一种健康美、形体美，由动作姿势等组成的强壮有力、朝气蓬勃的生命力之美。另外，在运动员的技术中也可以"看到美"，无论是个人的技术还是集体战术，都以娴熟优美的动作表现出协调统一的节奏感，等等。

而诸多与艺术相结合的体育活动，如团体操、花样滑冰、花样游泳，直至与艺术难以区分的体育舞蹈都直接把美呈现于观众眼底。此时的观众不再是纯粹的体育迷，而是一个审美主体，运动员也不单是一个参赛者，还是一个表演者，一个美的展现者。因此，当体育运动展示出高超的技巧性时，也就具有了高度的审美价值。如果说，艺术的审美教育作用是静止的，那么体育的审美教育作用则是动态的，它使审美客体在主客交流、物我不分的情感宣泄中达到受教育的目的。

二、体育审美教育的功能

体育的美育功能主要集中在两个层面上，一是物质的，一是精神的，简言之，就是人体美的塑造、精神美的培养。在现代生活中，人们对人体美的要求和欣赏，是"健、力、美"的有机结合，这种人体美不是先天的，而是后天创造的结果。体育实践则是创造这种人体美的基本的实践形式，人们通过体育实践对人体进行美的创造，使人体在基本形态和运动形态方面表现出挺拔、匀称、协调、丰满、强健、有朝气、有力量等美的特征和魅力，展示现代人的神态和风姿。现代体育不仅能对人的形体作出后天美的塑造，更能通过体育运动的实践造就和培养人的精神美[①]。跳水、跳伞、滑雪使人勇敢；武术、拳击使人机智、敏捷；足球、篮球、排球运动促进人友爱、互助、团结；体操、技巧运动使人坚定、沉着；登山培养人不畏艰险、吃苦耐劳的精神；田径、游泳鼓励人上进不甘落后、勇往直前。总之，现代体育通过各种形式不断充实和塑造着人类美的品质、美的情操、美的思想、美的精神。

---

① 李一新，刘星远. 论体育美的崇高 [J]. 体育科技文献通报. 2008（3）：4-5.

（一）体育审美教育可以使受教育者自觉经过体育实践活动塑造美的形体

在人类发展的历史中，物质的、肉体的存在始终是一个人的立世之本，也是人的精神存在的寄寓之地。人们总认为，人之所以是万物的灵长，是因为他拥有一般动物所不具有的思维能力和丰富的智慧。其实，离开了人的身体，精神也就失去了依托。人间所创造的一切奇迹，都是通过人自身的活动来实现的。但这些活动首先是依赖于人的物质肉体而进行的物质性活动，然后才有精神的活动。没有肉体参与的活动，人连最起码的生存也不能维持。在人类社会之初，一个人身体的强健与否，直接决定着他生存能力的高低，而在文明社会里，人的生活幸福与否，又总是和人的身体是否健康连在一起的。因此，体育对人最直接、最明显的作用，首先就体现在对人的身体的塑造上。这种塑造往往又不是盲目的，而是在美的规律引导下进行的。在这种情况下，体育这种实践活动对人体的作用就通过两个方面表现出来：一是它使人的物质的形体的各种潜在的生理机能得以充分展现，使人体变得健康与强壮；二是它可以使人体变得更加健美，从而最终使人体成为"健、力、美"的有机结合体[①]。体育审美教育的基本任务之一，就是使教育对象十分清楚地认识到体育这种实践活动之于人体最直接的功能和作用。通过这种教育，引导受教育者直接参与体育活动过程，并在这个活动中遵循美的规律，塑造出自己完美、和谐、健康的形体。

（二）通过体育审美教育，可以使受教育者自觉经过体育实践活动培养美的情操

人的发展不单是指人的形体的发展，更体现在人的精神发展上。人与其他动物的根本区别在于人拥有精神，这种质的区别规定了人的发展内容的丰富性。以人为中心的体育实践活动自其产生之日起从未把自己的目光停留在人的"身体"上。作为一种特有的社会文化现象，在相当大的意义上，体育正是希望通过自己的努力来矫正人的身心分裂，促进人格的完善与人的精神的健康，重新恢复并不断创造着人性的完整性。参加体育活动，欣赏运动竞赛，人们可以从中汲取丰富的精神营养，感受到坚定刚毅、顽强拼搏、积极进取、奋发向上、不畏艰难、勇于吃苦、团结友爱、服从大局等品德之美，从而引起心灵的震撼，受到感情的熏

---

① 熊和平. 如何提高大学生对体育美的鉴赏力[J]. 吉林体育学院学报. 2004（3）: 38-41.

陶、实现思想的升华。体育还教会人们再也不把眼光停留在某一个固定的点上，并且用一种百折不挠的精神激励人们通过自己的活动与努力不倦地追求新的希望、新的理想和新的人生；使人们永远不以一孔之见而自得，不因一时之功而自足，不因一役之失而自馁，不因一席之名而自赏。于是，在体育运动中，不但身体得到了发展，精神也得到了锤炼，正因为体育能够铸造人的品质、人的灵魂，所以众多的现代文明国家把学校体育的目的框定在"使学生成为一个完整的人"这一点上。可见，体育审美教育还有另外两项重要任务：一方面就是深入挖掘体育在造就人的优良品质、塑造人的灵魂方面的巨大作用；另一方面，就是利用各种审美教育形式、教育途径使体育的美育功能在受教育者身上得以充分展现，使受教育者在教育过程中重塑自己的精神品质，完成灵魂的超越。

（三）体育审美教育可以使受教育者的审美能力得以提高

体育审美教育作为体育的分支，在促进人的发展方面的作用，突出地表现在体育之于人的创美功能上，而作为审美教育的一部分，它对于人的发展的作用表现在对受教育者审美能力的培养和提高上。

在现实生活中，人们对美的享受，对美的感悟，除了受制于审美对象和客体的存在状况外，更重要的是取决于主体的人所具有的审美能力的高低。审美能力的高低，当然受人的社会条件、经济地位、文化素质等方面因素的制约。对此马克思曾做过深刻的分析。

马克思指出："囿于粗陋的实际需要的感觉，只具有有限的意义。对于一个饥肠辘辘的人来说并不存在着食物的属人的形式，而只存在着它作为食物的抽象的存在；同样地，食物可能具有最粗糙的形式，这种饮食与动物的摄食并没有什么不同。忧心忡忡的穷人甚至对最美丽的景色都无动于衷，贩卖矿物的商人只看到矿物的商业价值，而看不到矿物的美和特性；他没有矿物学的感觉。同样，对不辨音律的耳朵来说，最美的音乐也毫无意义，音乐对他来说不是对象，因为我的对象只能是我的本质力量之一的确证。"[①]

马克思的上述分析并不是排斥和否定人的审美能力是可以培养的。实际上，人的审美能力在很大程度上是后天在受教育的过程中造就和提高的。而审美教育

---

① 张建. 美国学校体育教育中德育构建策略与启示 [J]. 运动. 2018（19）：74-75.

对于人的审美能力的造就和培养来说，则是最基本的一种教育形式。通过这种教育，使受教育者懂得什么是美、什么是丑、什么是体育的美、什么是运动的美，认识美的规律，培养人们对美的感觉和感觉能力，并让人们充分利用这些感觉能力，从生活的各个角度、人生的各个方面去捕捉美、欣赏美、享受美；塑造出美的形体，锻炼出美的心灵，培植出美的情操，陶冶出美的志趣，酝酿出美的生活。

体育审美教育对于促进人的发展方面的作用是多方面的，但归根结底在于，它使人在自觉地对象化的过程中，逐渐克服各种片面性，趋向一种理想和协调的状态，最终使人按照美的规律塑造人自身，使人成为自己活动所创造的最完美的作品。

第五节 体育审美教育的目标及实施

随着人类物质文明和精神文明的发展，体育运动越来越普及和深化，它不仅是学校教育的重要内容，而且也是人们的社会文化生活的重要组成部分。21世纪，体育应以人为本，追寻健康，体现对人类自身的尊重。它不仅仅是一种强身健体的教育方式，也是一种通过扩大消费需求来促进经济增长的生产方式，甚至还可以是一种给人以极大快乐和精神享受的准艺术形式。

体育作为人类进行自身美化的一种教育过程，它可以显示被遏制已久的人文精神，突出它的文化内涵，满足人的深层次需要，体现人类的审美理想。体育运动作为娱乐和观赏的对象，进一步促进了体育与美育的结合。这种结合在作为体育运动组成部分的学校体育教育中体现得特别突出，也对学校体育教育提出了更高的要求。学校体育教育的目标不仅仅是增强体质，提高运动技术技能水平，而且还应培养学生以形体为主的身体健康美、心灵美、行为美，以及感受、创造这些美的能力。通过在体育教学中有意识地加强美育，让学生积极主动地投入到体育活动当中去，真正发挥其主体作用，使学生在轻松愉快的气氛中得到和谐全面的发展，从而达到提高体育教学效果的目的。

一、体育审美教育的目标

体育教育与审美教育尽管在教育目标、教育媒介和教育途径上各有其特点，各自形成独立的教育体系，但这两种教育又是相互交融、相互渗透、互为手段、互为目的。审美教育在于完善个体审美心理结构，通过审美感知力、想象力、理解力的培养，即通过审美能力的培养，审美情趣和审美理想的培养，以塑造情感和心灵，旨在提高学生整体素质的融合教育。真正的美育是将美学原则渗透到各科教学的教育。体育教育是一项以身体活动为媒介，以发展、改善和提高人体的形态、结构、机能和心理健康为主要目的，并以身体练习为主要手段的独立完整的教育学科。体育教学作为体育的基本形式和过程，它的原理、内容、形式、方法等都是遵循科学理论[①]。作为一种特殊的人体教育，它既遵循共同的教育规律，又有自己独特的规律，它不仅承袭了生命的基本特征——活动，而且集严密的科学性、系统的教育性、充分的活动性、多样的趣味性、生动性及丰富的美学因素于一体，除具备体育运动特有的健康、强壮、力量、速度、灵敏等法则外，还具有节奏、比例、均衡、韵律等法则，可以说体育是自然、艺术与人体有机的统一体。体育教学作为人体教育的基本环节，不仅仅是单一的身体活动，而且也是向外界展示一定规范，说明一定动机和意义，并能体现思想美、形式美及形体美的活动。

体育和美育有密切联系，体育教学本身包含美的表现、追求和创造，而美育中也包含人体美、健康美、仪态美的培养内容。因此，在体育教学中，不可避免地有审美教育的参与、交融、渗透。在体育教学中，我们要将体育与美育结合为一个有机整体，借助体育教学这一直接、生动、形象、基本的人体教育，融入审美教育的内容，达到培养审美情趣和审美能力，进而提高体育教学效果的目的。具体地说，体育审美教育目标应为：以健康的身体、敏锐的审美感受力为基础，实现对人的审美理解力及创造力的提高。

创造是通过感知获得的自律性表象活动，创造是人类的根本需要，它促使了文化的产生。体育活动虽然是一种具有统一性的活动，往往不易表现出独特的创造性，但是利用体育进行审美教育，可以使运动观赏中的双方，特别是运动员能够充分发挥自己的独创性，于统一性中表现出个性。而个性的建立正昭示着人的独立个性的形成，这种独立的人格蕴涵了对外在世界的理解。所以，通过体育进行审美教育，最终将实现一个目标——塑造一个理性的具有完整人格的人。

二、体育教学中实施美育教育的途径

（一）加深感官认识，培养情感体验

美育的突出优点是激发、顺应人的本性和内在个性兴趣，运用美的形象唤起人们内心的共鸣，使情感的享受深化到理念、信念、意识和品质中去，内化为人们的素质能力。体育审美能力很大程度上取决于审美感知能力的教育培养[②]。

[①] 许鲁闽. 体育审美教育促进大学生体育锻炼行为的研究 [J]. 曲靖师范学院学报. 2015, 34（3）: 108-111.
[②] 经丹. 体育与德育并重是学校育人的有效途径 [J]. 职业圈. 2007（19）: 37-38.

培养体育的感知能力，重要途径是引导学生去亲身体验和感受体育运动。使自己的感觉活动逐渐去接触体育中的灵敏美、对称美、力量美、速度美、配合美等。因此，在教学中，首先，从体育理论中学习、认识体育美的基本形式。"生命在于运动"，深刻地揭示了生命最基本的形式也是最美的形式就是运动性，这也正是体育的基本特征，也是体育美的源泉，体育失去了运动形式，也就失去了动态美。其次，让学生分析体育运动"动态美"的表现形式，找出体育的特质。体育动态美就是通过体育运动的"动态形式"表现出来的，如艺术体操中肢体语言与音乐的动态结合；跳远时速度与技术的结合；看台上球迷的肢体语言与球场上球员的形体动作的呼应等。让学生知道，运动员体育观赏性既受体育环境的影响，又都是环境中的组成部分，同时也影响着环境中的每一个个体，即人总是和周围环境发生作用。在审美教育中，有意识地引导学生领会和体验生命运动的特有模式，逐渐将体育特有的活动模式和构成结构，内化为学生的感性认识、自我的倾向或体育习惯，这是增强体育审美感知的关键所在，也是体育审美教育的目标所在。

（二）教育环境的美化

任何事物的存在和进行都必须有与其相适应的环境。教学环境是贯穿于教学过程中影响教师的"教"和学生的"学"的物质因素和人文因素的总和。教学环境对学生的影响有自发性的和潜在性的特点。通常我们把体育教学中的场地、器材布置等称为"硬环境"。"软环境"即师生关系的和谐美、情感美。有清新舒适、粉线清晰的场地，整洁美观的运动器材等硬环境，有师生情感融洽沟通的软环境，教学取得成功就有了保证。让学生在一个优美舒适的环境下进行学习和训练，能够使学生赏心悦目，增加美的感染力，同时也能激发教师的教学热情。在调动和激发学生的非智力因素，帮助学生形成最佳的学习心理状态的同时，不失时机地对学生在活动中显示的审美意向进行形成性和激励性评价，使学生获得心理满足，增强信心，保持与激发学习的积极主动性。

（三）美在教学内容、教学方法、教学手段上的体现

能让人产生美感的教学内容首先要符合学生的特点，符合时代的潮流，能激发学生求知欲和学习动机，使人能全身心投入。教学方法和手段运用得当，是提

高教学质量的保证。体育教学中，教师要做到形式多样，有趣味性、针对性、科学性。例如，根据教学内容编排些节奏流畅、造型优美、动作新颖、科学合理的徒手操，或创编一些有趣的体育游戏，使学生在培养良好的身体姿态的同时陶冶情操，发展节奏感、韵律感、协调感，培养优良的品质。其次，活动适时配以音乐，可减少课堂单调感和枯燥感，就整个教学过程来说，教师教法运用合理、教材之间衔接紧密、运动量适当，身心的紧张和放松交替进行；教师倾心教，学生倾心学。这种流畅、严谨、完整的教学过程，会使教师和学生产生美的感觉。

（二）重视教师的仪表、语言、示范美

教学中实施美育，教师本身就成了学生的审美对象，其形象至关重要，因此教师要做好表率。在教学过程中，学生对老师讲解示范的理解、感受及美感的产生等，都是通过直观形式作用而实现的，教师应将体育课作为一门艺术，而教师本身也是艺术化了的对象。教学中，体育教师在清楚、简洁、全面讲解示范的基础上，更应注意外部形象和语言强化对学生的影响作用，注意能否引起和激发学生的直接身心效应，即"神与形、体与心"的统一。首先，教师应衣着合宜、整洁，作风正派，语言文明，姿态大方，精神饱满。其次，讲解动作要领时，力求语言生动形象，通俗易懂，简明扼要，用词确切，示范正确熟练，轻松优美等。"美的东西，总会唤起人的审美感情和愉快的情绪。"这样的讲解示范，能唤起学生的美感，使他们产生连锁式的心理反射过程；欣赏—羡慕—向往—实践，学生很容易用一种审美的心态对待教学，在欣赏美的同时能够主动积极地投入到创造美的活动中去。

总之，在体育教学中注重审美教育，有利于培养学生健康的审美观，有利于培养学生对美的感受力、鉴赏力，有利于培养学生心灵的健康美、行为的健康美，有利于激发学生的体育兴趣，培养学生的形象美、运动美以及美的创造能力，有利于推进素质教育的全面发展。

第六节　体育审美教育的基本任务

体育审美教育作为一个独立的领域，其作用和意义有别于德、智、体等其他教育活动。体育审美教育的基本任务是，通过诱导人们参加体育审美实践活动，帮助人们树立正确的体育审美观念，完善审美心理结构，发展和提高对体育美的感受力、鉴赏力和创造力。

人的审美观念和审美能力，虽然具有一定的先天因素，但主要还是来自后天的审美实践活动的训练和培养。人们常说："爱美之心，人皆有之"，这句话并没有错。只是"爱美之心"或爱美的"天性"，指的是，人具有不同于一般动物的一种热爱、向往与追求美的意向、潜能，这并不意味着人一生下来就天然地有了审美的观念和能力。因为，人的审美意识是一种社会意识，它只能是客观存在的美的反映，只能在社会实践中产生、形成与发展。一个人要树立正确的审美观，获得较强的审美能力，归根结底，还要取决于社会实践，取决于后天的审美教育[①]。因此，培养正确的审美观念，提高人的审美感受力、鉴赏力和创造力，乃是审美教育义不容辞的任务。

第一，要培养正确的体育审美观。审美观是人对事物美丑的基本看法，它是人的世界观的一个组成部分，属于意识形态。人的审美观的形成源于实践中的审美感受，反过来，审美观又对审美感受起指导作用，它能提高审美的敏感，使人们可以更好地辨别事物的美丑和进行美的创造。

一个人审美观的培养，不仅需要掌握必备的美学理论知识，更重要的是需要在生活实践中去培养，使审美观真正成为生活中的一种实际指导思想，成为生活中的一种高尚的追求和爱好。一般来讲，衡量一个人的审美修养，绝不仅仅限于考察他在某些领域内的欣赏能力，更重要的是从他的人生观、从他的整个生活态度上去衡量。

体育审美观是人对体育事物美丑的基本看法，从本质上说，它是人在体育世界中的生活态度。正确的体育审美观，可以指导人们健康地进行体育审美实践活

[①] 李龙江，袁玲玲. 新时代职业院校体育审美教育路径探析[J]. 江苏教育研究. 2022（3）：23-28.

动，提高人的审美能力，而不正确的审美观，往往会带来相反的后果。

鲁迅在《华盖集·这个与那个》一文中，有一段相当精彩的论述。鲁迅写道："多有'不耻最后'的人的民族，无论什么事，怕总不会一下子就'土崩瓦解'的，我每看运动会时，常常这样想：优胜者固然可敬，但那虽然落后而仍非跑至终点不止的竞技者，和见了这样的竞技者而肃然不笑的看客，乃正是中国将来的脊梁。"这段言简意赅、内容深刻的文字，表明了作者对体育比赛胜与负的基本态度，可以说是先进的、正确的体育审美观的典范，给人以新的启迪。

第二，要培养体育审美的感受能力。审美感受力的培养，基本上就是对审美感知能力的培养。一个人的审美感知力虽然带有先天素质，但通过适当的审美教育可以使之得到锻炼而活跃起来。因此，应积极引导受教者亲身体验和感受体育中的美的事物。古人说：操千曲而后晓声，观千剑而后识器。这里的"操千曲""观千剑"的意思就是，要多看、多听、多实践、多研究。同样的道理，人要想使审美感知力提高，也必须反复地参加体育审美实践活动。由于体育审美感知需要有一定的艺术修养和必备的体育知识，因此，欣赏者主动地学一点美学知识，读一些体育书籍，对提高自己的体育审美感受能力，是大有裨益的[①]。

第三，要培养体育审美的鉴赏能力。审美鉴赏力通常是指对事物及其运动形式美丑的识别和评价的能力，这种能力在体育方面主要表现为对人的身体和动作的认识与评价。与审美感受能力相比，审美鉴赏能力是更高一个层次的能力，其理性因素相对突出。因此，在培养审美鉴赏力时，仅靠受教者单纯地参加审美实践活动是不够的，还必须对他们进行世界观、人生观的教育，审美理想的教育，使之建立符合时代精神的健康的体育审美意识。

另外，培养体育审美鉴赏力，应借鉴前人的成功经验，这些经验包括：从分析最好的体育比赛中提高审美鉴赏力，从研究优秀选手成长及其创造体育美的过程中提高鉴赏力，从某一个运动项目着手去培养鉴赏力等。事实上，目前国内的电视体育节目的安排、体育栏目的设置，其目的也与培养人的体育审美鉴赏能力有直接关系。因为，有些体育栏目的开辟，已经超出了单纯介绍赛事的范围，而进入了审美领域，从解说员的讲解到转播顾问发言，都具有分析、研究、评价的

[①] 龚婷. 论审美场在虚拟社会中的演变及意义 [J]. 贵州大学学报（艺术版）. 2018, 32（3）：82-87, 107.

性质，并能帮助观赏者品味和鉴赏体育表演和比赛。现代的通信技术，为体育欣赏者创造了极为便利的条件，使他们可以"足不出户"就观赏到各种世界性体育大赛。

第四，要培养体育美的创造能力。体育美的创造力是一种表现体育美和创造体育美的能力，培养和开拓这种审美能力，涉及按照"美的规律"去塑造健美体魄和美的运动形式等体育美学的基本问题。当然，审美感受力和审美鉴赏力的培养、锻炼及提高，已经包含审美创造力的开拓因素。因为，审美创造力是在审美感受力、鉴赏力的基础上发展起来，在审美实践中最后形成的，它是审美感受力、鉴赏力的高度发挥与综合体现。

人们认识世界是为了改造世界。同样，人们感受美、鉴赏美是为了创造美。因此，培养和提高人们审美创造的自觉性和能力，使之掌握美的规律，进行自由自觉的创造活动，把美的创造精神贯彻落实到体育实践中去，这正是体育审美教育最根本、最重要的任务。

第七节　体育审美教育的结构与功能

一、体育审美教育的结构

体育审美教育作为一个系统结构，是由施教者、审美媒介和受教者三个因素组成的。施教者，是创造、提供、选择、运用审美媒介，组织、引导受教者参加审美活动，从而使受教者获得审美感受的主体。他们组织并参加审美教育活动，是审美教育中最活跃的主导因素。他们不仅包括从事创造、提供审美媒介的教练员、体育教师，而且包括选择与运用审美媒介的政府专门体育机构、社会群众体育组织和体育工作者。作为施教者，应具有体育审美教育的眼光和高度负责的精神，具有健康的审美观念、审美趣味、审美理想，以充分发挥主导者和组织者的作用。

受教者，是审美教育的对象。就社会而言，每个人都是体育审美受教者；就竞技体育而言，是指各级各类的运动员和观众；就学校体育而言，是指不同年龄阶段的学生；就大众体育而言，是指体育活动的参加者。审美教育的效应，最终要落实在受教者身上，使受教者形成一个具有正确审美观念、审美趣味、审美理想，有较高审美能力的审美个体，从而成为体育美的创造者。

审美媒介，即被用来实施审美教育的广泛的审美对象。体育审美媒介包括作为施教者自身的教练、教师和体育工作者，同时也包括规程、计划、大纲、教材、场地、器材和有关物质条件。它们是联系施教者和受教者的中介环节。审美教育的反馈与调控是靠媒介进行的，因此，必须特别注意媒介的选择、运用、变换、调整，以充分发挥媒介的作用。

体育审美教育的结构，不是施教者、受教者与作为客体的审美媒介的简单组合，而是以审美媒介为中介，施教者与受教者有机结合的动态结构。它具有不同层次和水平，这种层次和水平主要是由审美媒介所体现的二者之间的审美信息交流的深度和效应决定的。

二、体育审美教育的运作

体育审美教育活动不是一个孤立的封闭系统，它的运行始终受两方面的影响、制约，受两种力量的推动。一是社会的推动，即体育实践对审美教育提出的要求；二是体育审美教育各因素之间的矛盾所引起的自身调节。

体育审美教育各因素之间的矛盾，即施教者、受教者和审美媒介之间的不适应，引起三者关系的变动。一般来说，施教者即教练员、体育教师和体育工作者处于主动调节地位，他们按照体育实践对审美媒介的调整，引导受教者去接受[①]。当然，这种调节必须以受教者"适应"为前提，并最大限度地通过审美媒介提高受教者的审美能力，满足他们的审美需要。而受教者也要主动地接受"要求"，接受"教育"。这是一个很复杂的过程，它不是单一的走向，而是双向对应的过程，是一个多维系统的结构。

体育审美教育不能脱离体育实践的发展要求，不能脱离社会客观控制与调节，否则将失去动力、方向、目标。因此，体育审美教育要注意自身的运转，施教者、组织者要经常注意受教者的反馈信息，以不断调整、更新某些审美媒介，适应受

[①] 黄斌，王寅昊. 普通高校体育教学中强化审美教育的必要性研究[J]. 体育科技文献通报. 2018, 26（3）：26，110

教者不断增长的审美需求，保证体育审美教育向高层次发展。

三、体育审美教育的功能

从一般意义上说，审美教育就是通过人的审美感受，愉悦人的身心，进而启示人们认识人的本质力量的教育。通过美育，人们可以获得各种真理和知识，启迪智慧，扩大视野，同时加深对社会和人生的认识，明辨是非、善恶、美丑，知道什么是高尚的，什么是低俗的，这是美育最基本的功能。

但是，由于体育审美教育是体质教育中的美育活动，其作用应围绕着体育的目的、意义而展开，因此，它的功能较之普通审美教育的功能，有着特定的内容与范围。体育的直接作用是"强筋骨""增知识""调感情""强意志"，使身心全面发展。经验表明，体育审美教育的功能，恰好与之相对应，即对增进健美、开发智力、陶冶性情、培养意志四个方面有积极的促进作用。

第一，增进健美。通常一个人的健美的体魄、健康的体质，主要来自体质教育的培养和训练。体育中的美育活动可以引导受教者进入审美经验过程，享受精神上的愉悦，这对人的健康十分有益。此外，审美教育还能够按照标准范例和尺度，直接对人的体态、动作、行为、风度、气质等实施美的培养，即按照美的规律进行塑造。因此，审美教育所培养的理性精神，可以使理性自由因素渗透到体质教育之中，审美教育的形式观照，可以使体质教育的操作练习更具有美学意义，以促进人体按健与美的要求协调发展。

第二，开发智力。一个人的智力开发，主要还是智力教育的作用，但体育锻炼也能促进智力的发展。尤其体育审美教育提供的一些成果，如体育运动的娴熟技艺、比赛战术的灵活多变、大型体育表演的设计编排等所表现出来的灵感与顿悟，都有利于人的自由创造思维的培养，是对智力开发的有益贡献。

第三，陶冶性情。体育中的美育活动是一种美感教育，也可以说是人们在体育领域里的情感生活方式。调节情感、塑造心灵是体育审美教育的基本功能。由于人的体育美感是多种心理因素自由和谐运动的结果，它既是个体的、感性的、功利的，同时又是社会的、理性的、非功利的。因此，当体育审美媒介唤起人的美感时，就把受教者个体的动机、情绪、意象召唤出来，纳入审美的形式之中，接受理性的规范、引导和净化，使其情感得到调节与控制，从而进入一种审美的境界。在体育审美教育过程中，通过对审美形式、审美媒介的感受，提高了人的审美能力，使人的情感更加丰富、成熟。体育中的美育活动，正是通过这种审美经验过程，陶冶人的性情，并进一步培养审美的人生态度。

第四，培养意志。人的意志培养和品质锻炼主要依靠德育教育，但最好争取得到体育审美教育的帮助。这是因为，培养意志品质一般包括两个方面的内容：一方面是培养个体意志服从道德规范而行动的能力，即培养人服从组织纪律的能力。另一方面，也是最主要的方面，就是培养个体意志的自由选择能力，即主动地克服感性欲念冲动，自觉地遵守纪律的能力。后一种意志能力的形成，必须借助于审美教育。实践证明，当运动者在体育审美境界中实现了道德的自由时（即意志选择的自由时），他就会自觉地抑制感性欲求，保持人的尊严，进行刻苦顽强的训练，并在体育表演和比赛中创造更优异的运动成绩。

第八节　体育审美教育的原则

体育审美教育原则是体育审美教育过程的客观规律的反映，是人们在长期的体育审美教育实践中积累起来的，具有普遍意义的经验总结和理论概括，它是人们进行体育审美教育必须遵循的准则。体育审美教育的原则一般有：审美情境创设性原则，相互交流性原则，审美观照与操作相结合的原则，多样化与渐进性相结合的原则等。

一、体育审美情境创设性原则

这是指选择、利用各种教育媒介，有意识地创设一种审美情境，使受教者置身于其中，影响其审美情感，达到培养情操、塑造心灵的教育目的。

在体育审美教育中，能调节人的情感、陶冶人的性情的因素，往往是多种多样的，其中有物质方面的，也有精神方面的。如布置好体育教学、运动训练的场地器材、创造出体育表演和比赛的气氛等。这时候，作为教育主导方面的体育教师或教练员，应使自己的学生或运动员处于充满情感的感染之中，以情动情，拨动他们的心弦，引起感情共鸣，使其身体操作转化为一种自觉行动，产生更高的锻炼热情和新的审美追求。为什么每次体育教学观摩活动，学生都着装一致、器材摆放得整整齐齐？为什么开运动会时搞得红旗招展、锣鼓喧天？为什么奥运会要有主题歌、吉祥物和安排各种文艺表演？从贯彻审美教育原则上看，组织者们还是用心良苦的[①]。

二、相互交流性原则

这是指在审美教育过程中，施教者与受教者之间凭借教育媒介，交流审美信息。一般来讲，这种交流是很自然的，它较之其他教育活动中的交流，少有权威性和强迫性，而更多的是平等性。此时此刻，教、受双方通过彼此的情感沟通，达到了同欢乐、共忧伤的地步，使受教者从审美对象中得到深刻的感染。当然，在教育过程中，也不排除施教者的讲解和示范、基础知识传授、动作要领分析等具有强迫意义的纯教育活动，但是，在体育审美教育中，这些活动的强迫性已经淡化，它们对于受教者来说，主要还是被作为审美媒介来看待的。

三、体育审美观照与操作相结合的原则

这是指体育审美教育大都是在审美观照和意志操作中进行的。人的体育审美感受力和鉴赏力，通过对施教者的示范、体育表演和比赛的自由观照、鉴别评价，可以得到一定的培养和提高。但是，仅仅依赖于静观观照还是远远不够的，必须把这种观照与审美意志操作结合起来才行。因为后者不但可以巩固提高前者对审美感受力、鉴赏力的培养成果，而且还可以培养人的审美创造能力。

通过审美操作活动，可以发挥受教者富于个性的主动创造精神，培养想象力和表现才能，丰富表象储存，开拓想象空间，进行独立思考，构成新的意象，并把这种意象转化为具有审美造型的动作和其他体育物质成果。体育运动中的一些新的技术、战术方法的创造和运用，在一定程度上，就得益于这种审美观照与意志操作相结合的审美教育活动。

四、多样化与渐进性相结合的原则

这一原则主要是针对运动项目种类繁多、受教育者本身又存在丰富的审美个

[①] 孟凡会，张锐. 在高校体育教学中渗透审美教育的思考[J]. 教育探索. 2013（3）：49-51.

性差异等特点而提出来的。所以,在审美教育过程中,不能按单一的审美心理模式进行施教,而应该多样化。如在体育教学与训练中,不断变换练习内容和练习方法,就是多样化的表现,它有助于人的心理能力的均衡发展和心理结构的逐步完善。

渐进性审美施教的目的在于使受教者的审美陶冶逐渐深化,由低层次进入高层次,并在情感和心灵方面不断得到陶冶与塑造。体育领域里的健美体魄的建构、技术动作的完善、战术打法的形成,尤其要在审美经验过程中遵循渐进性的原则。

在体育审美教育中,贯彻多样性与渐进性相结合的原则,是为了使受教者的心理结构得到全面、深刻的发展,以进入自由完善的精神境界。如果只考虑多样性而忽视了渐进性,那就会在陶冶受教者性情方面,造成"全面"有余而"深刻"不足;如果仅照顾到渐进性,也难免失之偏颇。所以,二者必须结合起来。

第九节 审美与德育、智育、审美教育的区别和联系

审美与德育、智育、审美教育的区别在于教育方式不同和最终目的不同。德育、智育、审美教育等教育是通过学习、训练和实际操作等方式,来提高人的道德修养,提高人的知识和才能,提高人们的体质。审美则不同,它的教育方式是审美的方式,即精神上的陶冶和感染。德育、智育、审美教育的目的是现实功利的,而审美的目的是超功利的[①]。同时审美与德育、智育、审美教育又是有联系的,具体阐述如下:

一、审美和德育的区别和联系

(一)审美和德育的区别

德育是通过一定的强制性侧重于对善的行为的逻辑判断,着重发展受教育者的意志约束力,将约定俗成的社会规范和行为规范灌输给具体的人,目的在于让社会成员获得社会的普遍道德,从而成为一个有道德的人,自觉地用社会的普遍

---

① 张定平. 试析新时期体育教育中的素质教育因素[J]. 合肥工业大学学报(社会科学版). 2002(3): 102-105

道德来规范自己的言行举止，最终培养人的社会人格。德育的依据是现实的原则和社会的尺度。

审美主要是通过人的情感的抒发，让其个性情感得到表现和升华。它主要是侧重于对美的对象的直觉体验，着重培养个体的特定情感和独创性。由于美的对象以其吸引力感染着鉴赏者，让人在生动活泼的享受中使性情得到陶冶，因此审美具有一定的自觉性。最终目的是在社会普遍性的基础上培养个性，它主要依据的是理想的原则和情感的尺度。

（二）审美和德育的联系

审美与德育又是有联系的。从个体角度看，道德状态是从审美状态发展而来的，道德修养是建立在审美的基础之上的。审美作为德育的必要前提，同时也内在地包含着德育的因素。审美使人的心灵达到和谐，通过在个体心灵中培养出一种明晰的形式秩序感，为道德意志和理智的发展打下必要的基础。审美对德育的实施起着积极的促进作用。借助于审美情感体验的机制，可以使人从内心真诚地、自发地实现道德的善。使得道德人格的塑造不仅仅限于理智与意志的范围，而且扩展到感觉和情感的领域。

二、审美和智育的区别和联系

（一）审美与智育的区别

1. 目的不同

智育是促进认识的教育，包括知识的积累和智力的发展。审美则是情感教育，旨在培养人的审美能力，以个体情感的表现和升华为主要目的。

2. 过程不同

智育的过程是知识的教学过程，是以概念—逻辑为特征的知识体系如公式、定理、概念、定义、法则以及判断和推理过程等为智育内容。审美则主要是一个培养审美能力、使人的情感得到表现和升华的过程，主要以形式—情感为特征的审美对象为教育内容。

3. 性质不同

智育本质上是由外向内的输入，缺乏内在的自发性。审美则总是在适应着不同年龄水平上的情感生活需要，把知识的传授和能力的培养与个体生命的发展内在地联系起来，满足了个体生命发展的要求。

4. 思维方式不同

审美离不开感性形象，而智育则以逻辑思维能力为核心。

（二）审美与智育的联系

人的认知能力与审美能力的相互关联、相互促进决定了审美与智育之间存在着必然的联系。人的审美能力本身是一种特殊的感悟能力，它一方面内在地包含着认识能力的发展，另一方面也为认识能力的发展提供了必需的基础和有利条件。对于智育而言，审美可以激发人们的求知欲，提高人的学习兴趣，并对于促进创造性思维能力的发展具有不可低估的作用。[①]

三、审美与审美教育的区别和联系

审美通过审美教育的方式感化人，审美是实施教育审美的主要方式，而审美也是审美教育的基本功能。但两者又是有着区别的，审美不仅仅通过审美教育进行，而且也通过自然和社会等方式进行。审美教育也不仅仅是为着审美教育，而且还为着培养专门的审美人才，如音乐家、画家、舞蹈家、戏剧家等。

关于审美的基本原理。审美虽然属于精神和心理的范围，但是建筑在物质和生理基础之上的。审美实施的基本途径，主要体现在生理和心理、个性和普遍性、功利性和非功利性的关系中，具体表现为：首先，从生理的兴奋，转移到心理舒适和愉悦；其次，从个别性的感受和形象，转移到普遍性的关照和沉思；最后，从功利性的占有和享受，转移到超功利性的旷达和赏玩。

对审美与审美教育的分析说明。首先，从生理的兴奋，转移到心理的舒适和愉悦。由于审美必须让人透过声音、色彩、形状等形式因素来感受，这就使得审美主体能在生理上获得兴奋，但同时这些美的形式因素虽然反映了客观世界和客观生活，却没有任何客观世界与客观生活的实际内容，它们满足不了我们生理上的任何需要，只是供我们观赏和品味，在心理上构筑舒适而又愉快的境界，从而使我们在不知不觉中提高了做人的水平和修养，改变了我们的心理素质和精神面

[①] 薛浩祯. 试论审美教育[J]. 辽宁广播电视大学学报. 1998（2）：25-26.

貌。其次，从个别性的感受和直观，转移到普遍性的关照和沉思。美感活动的特点，在于通过个别的形象，从大量的偶然中得到必然，从个别的细节上升到普遍的旨趣。例如，孟郊的"慈母手中线"这句诗，写的是个别的慈母和游子，但所表现的是天下的父母心，我们在审美教育中，直观的是个别性，却能从中飞跃到普遍性的真理，人的精神境界因此提高一步。再次，从功利性的占有和享受，转移到超功利性的旷达和赏玩。人生在世，有些人有功利要求，但作为观赏的美，则必须从功利性中解脱出来，不带功利性。审美教育能帮助人们从个人狭隘的功利观念中超脱出来，获得精神上的提升。例如，我们欣赏自然美，它如果比较恬静，就能够把我们转移到旷达的心境和赏玩的态度中去[①]。当然，从另一面看，美感教育由于能改变人的心理气质和精神面貌，它本身也是一种精神上的功利活动。

通过审美进行审美教育有何特点？

回答这个问题，首先要了解通过审美进行审美教育的四个特点。并结合具体作品事例阐释这四个特点。这四个特点是：

第一，审美品位能动地反映了审美家对生活的情感体验。

第二，审美中不仅反映了生活的意味，而且反映出生活的真实。

第三，审美品作为情感的宣泄，是时代的共同心声。

第四，审美中表达了人类对理想的追求和向往。

我们每个人生活在大千世界中，感受着自然、社会和审美对人的潜移默化的影响。但是，人在审美中所受到的感染最为强烈和明显。这主要是因为审美能动地反映了自然和社会生活，其中体现了审美学家特殊的敏感，这种敏感包含了审美学家的能动作用，也包含着作者特殊的情趣，具有巨大的感染力。我们对生活中的情调和场景固然有一定的体验，但由于身在其中，"不识庐山真面目"，而审美学家则让我们既身临其境，又置身事外。身临其境，故能感受深切，置身事外，则可避免"当局者迷"，而能"旁观者清"。同时，审美学家以其卓越的才情，传达出人们所共有的情感状态，可以让读者从这种"心声"中获得共鸣。许多优秀的作品之所以能牵动亿万人的心，影响着多少代人的精神生活，正是由于他们是人的心声的真诚流露。诸如李商隐的"春蚕到死丝方尽，蜡炬成灰泪始干"等名句，陆游在《示儿》诗中对自己爱国主义激情的抒发等。这些作品来自真实的人

---

① 李虎凤. 体育审美教育与德育智育的关系 [J]. 山西成人教育. 1995（10）：56.

生体验，并且可以使读者情不自禁地受到打动。同时，审美学家不管是抨击现实，还是憧憬理想，都在审美中直接或间接地寄托着对美好未来的向往。如巴尔扎克的小说一方面抨击当时的社会，不满足于现实，另一方面也期望黑暗的社会能够变为美好的人间。所有这些，都深深地熏陶和感染着欣赏者，对欣赏者产生积极的影响。

第五章 体育审美教育的价值

第五章 体育审美教育的价值

第一节 体育审美教育的发展阐述

董万玉在《试论体育的审美教育作用》中总结了体育审美教育的目标:"通过体育进行审美教育,最终将实现一个目标——塑造一个理性的具有完整人格的人。"

左庆生认为体育与审美教育的切入点是:"第一,二者都是生命的感性活动,制约和影响着生理心理的发展。第二,二者都具有自由愉悦、超越狭隘功利性的特质。第三,二者都以美的实现作为共同的标准。"他还总结道:"体育教学与审美教育的切合启迪我们,体育教学不仅仅是肢体的训练和发展,也不仅仅是意志和能力的培养,它是促使人身心按美的规律塑造全面发展、使人成其为人、而不是某种工具的活动。"

曾晓莉在《体育审美教育基础、前提与作用》一文中指出:"体育的美育功能是建立在体育的美学价值基础上的。如果再将其作一划分,体育的美育功能就主要集中在两个层面上,一是物质的,一是精神的。""体育所具有的美学价值和美育功能是体育审美教育赖以存在的基础和前提,同时也规定着体育审美教育的基本内容及其作用。在现代学校教育中,体育审美教育实际上是体育和美育的有机结合,实现它们之间功能交叉的教育作用,则是现代教育发展的趋势之一。这种教育作用集中体现在促进人的全面发展方面。"

第二节 体育审美教育价值的形式

体育运动审美价值的形式是教育者、指导者与被教育者、竞技者各自表现出的他们之间相互协调、统一融合的审美追求,它包括体育锻炼、教学、比赛、表演等活动中表现出来的各种审美追求。不同的主体在体育中有不同的审美价值追求,展示不同的审美价值形式,具体表现为:

一、体育的审美价值首先追求运动美

运动美是身体的运动之美,是人在体育活动中表现出的美,是社会文化生活

体育审美教育概论

的反映。体育运动的主要对象是人体，人体要经过运动才能达到体育的目的。运动是体育的基本手段，是体育过程的外显形式，运动美就展现在体育运动实践当中，体育通过运动美展示了体育审美价值的基本追求。

二、体育审美价值对意志品质美的追求

意志品质是一种心理品质，它伴随着人的行动而表现出来。意志品质美就是在体育运动中，运动员自觉地确定目的，在目的支配下，调节自己的行动，克服各种困难，在实现目的的过程中呈现出的美。人的行为总是有意识、有目的的行动，在体育运动中，需要有良好的意志品质，人的社会属性决定了意志品质是运动美的重要因素。人体是身心统一的整体，身体运动的过程，也伴随着心理发展的过程。人在参与体育活动、掌握动作技术的同时，也给予心灵以创造过程。

三、体育审美价值对技术战术美的追求

运动技术是充分发挥人的机体能力，合理有效地完成动作的方法。技术之美就在"合理、有效"之中，就在运动过程中发挥的完美程度中。在体育运动中，发挥人的机体能力的方法越合理有效，完美程度就越高，运动技术的审美价值就越大。当然，"合理、有效"也是相对的，因为运动技术是随着实践的不断发展而变化并日臻完善的。运动技术之所以能给人以美感，是因为运动技术是人们在体育领域里所进行的一项巨大的创造性活动，是人们运用已有的知识和能力作用于运动系统的过程，是真善美的统一。

四、体育审美价值对于风格美的追求

风格是指气度和作风，体育运动的风格美，包含着思想风格美和技术风格美。思想风格美是个人内心世界的美，指体育运动主体在体育运动中表现出来的精神风貌、道德情操、意志品质等。体育之效乃"强筋骨、增知识、调感情、强意志"。这里讲的"强意志"也就是思想风格美，一场高水平、高风格的比赛或表演，给人美的享受是多方面的。审美主体不仅为运动员健美的身姿、精湛的技艺、巧妙的战术所倾倒，而且为运动员在赛场上表现出的顽强意志和拼搏精神所感染。

五、体育审美价值对于身体美的追求

身体美是由生命有机体表现出来的美,它要求严格符合解剖学特点和新陈代谢的生理规律,它是创造、概括、提炼艺术作品中人体美的源泉,其标准既有时代性又有稳定性。身体美与人体美不能等同,人体美主要指人体表面轮廓的美,而身体美则有层次地贯通着生命的整体[①]。身体美可与精神美、心灵美、行为美等概念对应使用,人体美可作为区分认同其他事物属性的概念,以区别于动植物及自然界其他物质的美。身体美是动态的人体美,人体美是静态的身体美,身体美是人体美的源流,人体美则是身体美的升华。

六、体育审美价值对于强壮美的追求

强壮美表现为魁伟、结实、强力。人类身体在历史进程中不断完善,从体育学的意义上看,体育项目作为全面发展人类身体的手段,总是以和谐、优美为最高尺度,即从崇高经由壮美的过程凝聚和谐优美,也可以说,在突破和谐优美的过程中追求和谐优美的结果,因而形成了强壮美。

七、体育审美价值对于健康美的追求

健康美是指身体生理机能正常,显示出一种良好的精神状态。身体健康状况虽然受制于各种因素,但毫无疑问,体育运动作为有序的、自由的身体活动,是塑造健康体格、体能和生命力的重要因素。体育美学所指的健康美,就是体育运动所带来的体格强壮、无疾病且与良好的精神状况相协调的美的状态。

第三节 体育审美教育价值的特点

体育的审美价值是体育存在的意义所在,是美在人体运动中的特殊反映。体育的审美价值是客观存在的,这种客观性在于它的物质性的存在。

---

① 万星,李冬勤,唐建忠. 体育美的内涵释义与魅力展现[J]. 体育文化导刊. 2018(11):147-152.

一、自然性

人首先是自然长期发展的产物，然后才是社会的产物。它具有自然的属性，更具有社会的属性，是客观的实在，它以自然的形态和社会的形态体现其客观性。就自然形态而论，人是万物之灵，人体乃是造化之巅，集自然界中美的大成。它完美和谐，富有生机和力量，是整个大自然存在的一个最精巧的缩影。人们就是借助于这一有规律、有创造能力的主客体的双重性，即自然美的客观性，从事改造人体自身的体育美的活动，发展身体美、运动美，在构造身体美和运动美的实践过程中，渗透着社会美的性质，表现出其社会的客观存在性。离开了人的社会的客观性，体育美的产生和发展是不可能的。就其创造形式而言，作为自然界高级生物的人，其身体可以呈现自然美，经过人的能动改造，注入社会的因素、审美意识，创造出作为审美对象的运动形式。这种立体的自觉创造力物化在客体的形象化中，反映了由客体的规律性变为主体的目的性，凝结为新的美的形象的过程，也是不以人的意志为转移的客观实践过程。因此，也规定了它的社会性。

二、社会性

体育美是在社会这个有机系统中产生和发展起来的一个要素。具体表现在如下几个方面：

第一，体育美是社会实践的产物，是人们的能动创造的结果。人在体育活动时的社会性，表现为其行为总是在一定的思想指导下的有意识的自觉活动，是按照一定的目的去创造理想的全面发展的人的活动。这是人的自觉能动性的表现，这种内控因素是动物所不具备的，是人与动物相区别的重要标志。从这个意义上说，体育的目的性具有鲜明的社会性。

第二，人的本质是社会性的，人们进行任何体育活动都不是单个孤立进行的，而是要依据一定的社会条件，通过社会群体活动来达到增强体质的目的，以建立人类社会物质生活和精神生活的良好基础，使身体活动社会化、完美化，并将这种实现了的形式，通过社会教育等途径延续和发展下去。

三、形象性

美的形象是形式与内容的统一。形式美只有在表现适当的内容时，才能充分显示自己的积极的、能动的作用。真、善、美也只有通过人体运动过程中的造型形式形象化反映出来，并通过一定的时空表现出来。体育造型的力量不仅融力与美、健与美于人体，使之完美化、规范化、形象化，同时在体育美与艺术美的结合下，以物态化的形象塑造出无数反映人体美的杰出艺术精品，与雕塑、绘画、舞蹈等具有一致性。现代体育的审美教育通过典型示范的方式，用体育艺术品、声像、影视等先进手段，直观、形象地对运动员、学生、群众进行技艺传授和美育，有效地提高了人们的运动技术、战术水平和审美能力，满足了人们对精神文化的需要。

四、象征性

体育美的象征性是以运动员的个体或集体的体育造型形象，表现出人类对理想的憧憬。如现代奥运会、亚运会、全运会中的一个很重要的内容，就是经过精心编排的各种类型的歌舞、大型团体操，用人类的智慧和巧妙的排列，展示着内容丰富的各种形象、图案，有的象征着体育的崇高性，有的象征着本民族的拼搏、进取精神，有的象征着团结友好的精神以及严明的纪律、高尚的体育道德情操等。

第四节 体育审美教育价值的意义

体育的审美价值是在体育运动过程中审美对象客观具有的，在一定程度上能满足人的运动审美需要，给人们以审美享受的价值。体育审美价值应从体育过程中欣赏，从竞技比赛功能中判断。体育的实施过程也是审美价值的实现过程，应将审美追求自始至终贯穿在整个体育过程中。对非体育专业学生启发他们的审美力，介绍多种形式的体育活动及体育竞赛规则、判断法。因为体育本身就是对人们日常生活、生产中的动作进行美化、提炼，以和谐完美、富于美感的形式表现出来，蕴藏着丰富的美的因素。通过对体育教学内容的合理安排，循序渐进地对学生进行启发、指导，引导学生通过眼睛观察美的动作及造型，用耳朵聆听运动时发出的有节奏的响声及美妙的伴音。在体操课教学中，培养学生团体操、艺术体操、竞技体操功能，结合音乐引导学生进行体育审美[①]。体育的审美价值有着重要的意义。

一、体育的审美价值体现着人类对美的必然追求

美与体育有共同的根源，都起源于人类的生产劳动，所以说美与体育同源。现代体育是一个包含许多文化现象和复杂功能的实体，有丰富的表现力，对人类社会生活具有多方面的表现能力和多方面的价值。但归根到底，体育同人类自身的生产活动密切相关，同人类为生存和发展的实践需要而自觉地塑造理想的体制结构密切相关。

二、体育的审美价值体现着按照美的规律进行展现人的本质

原始体育作为人类自身生产的组成部分，虽然与物质生活资料的生产密不可分，但是一旦形成便体现其相对的独立性，逐渐与生产劳动分离，作为一种文化形态而发展演变。作为客观存在的审美价值，它有很大的涵盖面，并通过多样的形式体现出来，经过理论化和系统化，构成了一个庞大的体系，体现出丰富的审美价值。

三、体育的审美价值是体育的终极追求

审美价值是体育作为价值存在追求的目标和动力，体育的目的是塑造理想的体质结构，这种理想的体质结构包含着人类征服自身生理极限，开发潜能，追求自由的崇高目的。当这种目的按照掌握了的规律去实践时，这本身就是一种创造的过程。它是合规律性与合目的性的统一，表现为完美的身体形态，并通过运动的方式造型力量来实现。

第一，表现在竞技体育方面，是以身体对抗的方式使规律性与目的性相统一，让美的创造在公平竞争中实现。

[①] 左新荣，崔琼. 大学生身体美、运动美和人格美认知的调查分析 [J]. 北京体育大学学报. 2007（2）：175-177.

第二，在学校体育教育方面，是通过直观的身体教育方式使受教育者掌握身体锻炼的方法和技能，增强身体素质，接受美的熏陶。

第三，表现在群众体育方面，是以闲暇游戏方式使规律性与目的性相统一，通过锻炼、运动在自由的情境中实现，制造身心的愉快体验和自由的生命活动的体验，寓美感于体育活动中。

第六章 体育审美教育观

第六章 水中音乐戏剧

第一节 我国当代体育发展的历史回溯

一、体育观反思

我国比较完整的学校体育观，在不断借鉴、发展与完善中，体育逐步规范化，内容多样化，教法科学化；体育思想不断丰富。通过总结近现代学校体育的不同阶段的发展状况，归纳整理出体育观的演进过程。

自然主义体育观脱胎于自然主义教育思想。追本溯源，自然主义教育发端于古希腊时期，亚里士多德认为教育应该遵循自然规律，人的身体的发育先于精神，所以，对身体的教育要早于智力的教育，并强调体育、智育、德育是统一的整体，应该要让学生得到全面、自由的发展。柏拉图认为，体育是其他教育的基础，精神的健全和道德的完善要通过对身体的训练和教育。

到了文艺复兴时期，自然主义教育再度兴起，强调人的自然动机和本性，主张儿童应该遵循自然天性接受教育。夸美纽斯认为教育应当服从"普遍的秩序"及客观规律，提出了教育适应自然的原则；卢梭继承了夸美纽斯的观点，认为"自然界"扩展到了儿童身心发展的自然顺序，进一步延伸了"自然"的含义；裴斯泰洛齐则以此为基础，更加明确了教育要遵循儿童自然的原则，主张教育必须激发和发展儿童的天赋；之后在卢梭和裴斯泰洛齐为代表的自然主义教育理论的影响下，杜威阐发了"儿童中心教育论"。自然主义体育思想就是这样不断完善最终形成的。卢梭认为：应该使儿童在大自然中自由成长，同时体育锻炼要按照学生的年龄和身心特点进行，提倡使儿童在自然的环境中磨炼和生长，发展他们的本性，成为"自然人""自由人"[①]。

自然主义体育思想在学校教育中得到具体实施，是在1774年，德国教育家巴泽多创设了"博爱学校"，目的就是验证卢梭的"回归自然"理论；在长达50年的体育任教过程中，古茨穆斯使德国早期的体育形成了自然主义教育体系下的一个完整体系；施皮斯在稍晚时期在古茨穆斯实践的基础上，使学校体育的内容

---

① 管雄颖. 基于审美教育在高校体育教学中的渗透路径 [J]. 当代体育科技. 2020, 10（18）：115, 117.

更加趋于科学化、系统化。通过不断完善，自然主义体育观达到了一个全新的阶段。19世纪末20世纪初，为了反对传统的赫尔巴特教育理论，美国在进行"进步教育"运动时萌生了实用主义教育思想，认为体育的目的不应再局限于促进体质的发展，而是教育人，而当时的德国和瑞典体操与时代发展需求显然格格不入。它强调体育是人类生活的经验和习惯，主张将体育融入生活，使人的个性得到充分的张扬，倡导自然的体育运动，全面和谐地发展学生智力水平、运动技能、品质人格等。美国的这种新体育，更加全面地认识和发展了体育，同时以解剖学、生理学、生物学、心理学等学科理论作为依据，注重体育的科学化、教育化、生活化、个性化、自然化、游戏化等特征，从而使自然主义体育观达到了另一高峰。

我国新一轮体育课改革所提出的一些理念，均是受到自然主义体育观的影响，如强调学生主体性、自主性、培养兴趣等。

（一）体质教育观

把体质增强作为学校体育工作首要目标，体质是衡量体育工作重要标准，这种教育观曾是我国体育的重要观点。直到今日，许多学者和教师仍然坚持这种体质教育观。

1979年，徐英超发表了文章《两亿接班人的中小学体质教育需要调查研究》，文章指出，体育就是体质健康的教育。一所学校体育、卫生工作搞得好不好，最根本的一条是看学生的体质是否有所增强。而后，国家正式制定和颁布了《中小学体育工作暂行规定》，这个草案的中心思想是学校体育的根本目的就是为了增强学生的体质[1]。

1983年在西安召开的全国学校体育卫生工作会议又进一步明确指出：学校体育应以增强体质为主，以普及为主，以经常锻炼为主。

1990年，我国再次制定和颁布了《学校体育工作条例》，条例中再一次强调体育的根本目的就是促进学生健康，增强学生体质。体质教育观逐渐登上了历史的舞台，取代了以掌握"三基"为中心的运动技术教育观。学校体育不再单一追求三基，评价标准更是被体质的生理生化指标取代。教学的重心也由技术教学转

---

[1] 侯绪刚. 浅析审美教育在高校中的应用和意义 [J]. 河北农机. 2020（1）：48.

向增强体质的知识和技能转变。体质教育观的基本思想是：体育就是增强体质，促进身体形态机能和基本活动能力的全面发展。

所以体质教育观给人们对体育的认识带来了一定的影响。体质教育观探究增强体质的科学方法和原理是必要的，但追求体质的增强，而忽略体育的传播知识、教育功能，显然是不完整的。体育除了增强体质以外，还应该满足学生的精神需求，不能只强调身体的锻炼而忽视了学生精神世界的发展。

（二）快乐体育观

快乐体育观发端于日本。我国20世纪80年代初期，改革开放的浪潮席卷全国，国外的先进思想不断涌入，教育理念更是百花齐放。此时，我国经历了改革开放的初期，生产生活的方式都发生了改变，人们的思维逐渐活跃，不断接受国外的先进理念。就是在这种背景下，我国从日本引入了快乐体育的思想。快乐体育强调使学生感受体育运动带来的快乐，胜利的喜悦和与同伴配合完成任务的乐趣，弱化技术技能的强制学习和生理生化指标的达标，变枯燥为快乐。快乐体育的主旨是让学生在心理愉悦感和成功感的伴随下，参与体育活动，感受、理解、掌握运动技术、技能，这样就可以激发学生自觉、自愿参与体育的意识。快乐体育反映了时代的要求，适应当时社会的发展，是我国体育界改革与发展的重要思想。快乐体育教育是对过去30年我国体育思想发展的总结和反思，极大地推动了我国体育理论的发展。快乐体育打破了传统的教育理念，变革了教师与学生的关系，从教学方法到教学手段都有了翻天覆地的变化。快乐体育强调结果，更重视过程，注重身体的锻炼，更关注心灵的塑造。快乐体育把学生当作教育教学的中心，用快乐和成功的感觉提高学生学习的兴趣和参与体育的情绪，这都十分有利于学生对体育的兴趣的培养和体育习惯的养成[①]。而且，在评价的过程中，很少再把重点放在生理生化指标上，取而代之的是对学生感受和心理的关注。但是，对于"快乐"的不同理解，使快乐体育观走入了误区。

（三）健康第一的体育观

时间进入20世纪90年代，随着我国改革开放的不断发展，社会的不断进步，

---

① 龙静云，崔晋文. 审美教育的实质及其对大学生的教育价值[J]. 学校党建与思想教育. 2019（24）：15-17.

科技日新月异，人们的生活水平有了大幅度的提高。可随之而来的一些危害身体健康的疾病成为人们必须面对的困难。运动与健康的关系及相互影响成为体育的新话题。依据《国务院关于基础教育改革与发展的决定》和《基础教育课程改革纲要（试行）》制定、并由国家教育主管部门颁发的关于中小学体育与健康课程的性质、基本理念、目标、内容标准、评价等，都体现了国家体育与健康课程改革和发展的基本思路，以及对体育教学方面的基本要求。在此基础上，有关专家学者提出了健康第一的体育观。中共中央、国务院于1999年颁发的《关于深化教育改革全面推进素质教育的决定》（以下简称《决定》）中指出："健康的体魄是青少年为祖国和人民服务的基本前提，是中华民族旺盛生命力的体现，学校教育要树立健康第一的指导思想，切实加强学校的体育工作。"健康第一作为实施素质教育的宏观战略目标之一，体现了党和国家对促进我国青少年身心健康的重视。健康第一是贯彻我国教育方针的需要，是适应教育规律的需要，是青少年生理、心理的需要。"教育的本质属性，简言之，就是根据一定社会的旨意所进行的培养人们活动或者说是培养人的过程。"

教育就是要培养适应社会需要、身心全面发展的人。学生应该在掌握体育课程基本知识和运动技能的同时，形成体育与健康的意识，养成良好的体育锻炼习惯，真正实现身体、心理、社会的整体健康目标。可以说"健康第一"的体育观已经兼顾了学生身心发展的各个方面。"健康第一"的教育观更加强调非智力因素的培养，关心学生身心和谐的发展，将个性、情绪、兴趣、动机、态度、价值观等作为重要的评价指标。

纵观我国近现代体育观的发展，不难看出体育观的发展是紧随时代发展的，并不断进步。作者认为，应从一个全新的视角，引领学生感知体育课堂中的种种现象，用审美的眼光体味这些现象，进而得出美的评价。使学生认识到体育之美，从内心深处热爱体育，投身体育活动之中。

二、体育中审美现象的反思

我国的体育理论在中华人民共和国成立后，有了长足的进步和发展。体现在教育实践中，就是教育成果、成绩显著。教育领域发生了日新月异的变化，在整个教育体系中，体育的职能更加突出。创设情景教学、快乐体育等给人以美感，美的运动能使人感受到心情舒畅，体验到成功的喜悦和创造的愉快，品味到生命的活力与生命的节奏，领悟到人生的真谛，认识到人的本质力量。体育课堂经常出现健美的身材，优美的动作和造型，以及伴奏的音乐等因素，引来众多的同学叹为观止。大量实践表明，体育运动中存在着大量美的信息，它陶冶人的情操，净化人的心灵，启迪人的智慧，提高人的思想境界，并给人更多的启发。在我们看到欣欣向荣的一面时，也不能漠视体育中些许不和谐的音符，这些同样值得我们反思，引发更深层次的思考。

第二节　体育审美教育观理论解读

一、体育审美教育观的内涵

西方著名学者比特在自己的著作《存在的领域·本体论》中说："美是一项最难以捉摸的特质，它是那样的微妙，以至看起来总像是快要抓住它的那一刹那间又给它逃跑了。"另一位西方学者贝尔在《艺术》一书中也感叹："在我所熟知的学科中，还没有一门学科的论述像美学这样，如此难于被阐释得恰如其分。"可以看出，要追本溯源，给美与审美科学的定性，是一个极其复杂而艰难的理论问题。必须从多角度、多方面来分析、研究。

1. 美的含义

美在我们的生活中随处可见，它与我们的生活密切地联系在一起，心灵美、山水美、环境美、行为美等等经常为人所道。"美是什么"这个问题却至今还没有完全解决，而且在每一部新的美学著作中都有一种新的说法。

要回答"美是什么"之所以困难，是因为它所要求的并不是对个别对象作审美判断或者作经验性的描述，而是要求在各种美的对象中找出美的普遍本质，或者在与非审美对象的比较中找出其特殊的本质。

（1）作为日常用语

首先让我们看看"美"这个词的含义是什么。

汉代的许慎在《说文解字》中提出："美，甘也。从羊从大。"认为羊长得很肥大就"美"，这说明美与感性存在、与满足人的感性需要和享受（好吃）有直接关系。

另一种看法是羊人为美。从原始艺术、图腾舞蹈的材料看，人戴着羊头跳舞才是"美"字的起源，"美"字与"舞"字最早是同一个字。这说明，"美"与原始的巫术礼仪活动有关，具有某种社会含义在内[①]。

如果把"羊大则美"和"羊人为美"统一起来，就可看出：一方面"美"是物质的感性存在，与人的感性需要、享受、感官直接相关，另一方面"美"又有社会的意义和内容，与人的群体和理性相连。而这两种对"美"字来源的解释有个共同趋向，即都说明美的存在离不开人的存在。

那么"美"在今天日常用语中有几种意思呢？根据我国著名哲学家、美学家李泽厚先生的研究，它至少可分为三种相联系而又有区别的含义：

第一种，它是表示感官愉快的强形式。在北京，大萝卜爽甜可口，名叫"心里美"。"美"字在这里是感觉愉快的强形式的表达，即用强烈形式表示出来的感官愉快。实际也可说就是"羊大则美"的沿袭和引申。

第二种，它是伦理判断的弱形式。我们经常对某个人、某件事、某种行为赞赏时，也常用"美"这个字。把本来属于伦理学范围的高尚行为的仰慕、敬重、追求、学习作为一种观赏、赞叹的对象时，常用"美"这个字以传达情感态度和赞同立场。所以，它实际上是一种伦理判断的弱形式，即把严重的伦理判断采取欣赏玩味的形式表现出来，这可说是上述"羊人为美"的延续。

第三种，专指审美对象。在日常生活中，"美"字更多是用来指使你产生审美愉快的事物、对象。我们欣赏体育比赛、看画展、听音乐，种种艺术欣赏，也常用"美"这个词，这都属于美学的范围，这就是审美判断。

（2）西方美学家对"美"的探讨

在美学发展的历史上，中外美学家都从不同的时代、不同的角度进行过艰苦的探索，并给出了自己的答案，也为我们了解这个问题提供了参考。

柏拉图（公元前427—公元前347年）是古希腊唯心主义美学思想的代表，他提出了"美是理念"的命题。柏拉图认为，美的本质是理念。理念的美先于具体事物的美，是具体事物美的根源，是不依赖于具体美的事物而独立存在的真正

---

① 许芸，宁汐. 融合线上线下资源推进美育教育改革——"芸响'音乐课堂"教学模式探析[J]. 乐器. 2022（4）：40-43.

实在[①]。他把美分为美的本身和美的事物两个方面，后者由前者决定。世间有许多美的事物，当你判断它是否美时，必定在你心中先有一个美的原型同它进行比较，否则你将无从判断它是否为美。然而你心中的美的原型又是从哪里来的呢？柏拉图认为，那不可能是从具体的美的事物中来，而是由于理念世界有个绝对的美。正是这个美的理念产生了心中的美的原型，它可以帮助你认识美的事物。

任何事物的美不能与美的理念相比，因为美的事物仅仅是美的理念的一种模仿或者复制。柏拉图承认具体事物的美，但是这种具体事物只有"分有"了"美本身"时才能成为美的东西。在他看来，个别美的事物，如美的花、美的小姐、美的糖罐等，只有一些美的东西，只是美在某些方面的体现，而不是美本身。世间万物的美，都是由于"分享"了美的理念，而后才成为美的东西。柏拉图认为，只有美的理念才是真正的、绝对的美。

作为唯心主义者的柏拉图，并没有也不可能从美的矛盾统一中去理解美，认识美。他把人们意识中的美的概念定位化、实体化，形成一种典型的唯心主义美学思想。柏拉图的美学观念构成形态是多元的和庞杂的。他在对美的本质的探讨过程中，包含着很多合理的因素和价值的理论原则。在美学史上，柏拉图最早提出区分"什么是美"和"什么东西是美的"。在大千世界中，美的东西千千万万，但是他们都各美其美，而不能用来相互说明，相互等同。"美"是从各种各样的东西之中总结出来的普遍规律，它从现象上升到本质，能说明任何美的东西之所以美。

亚里士多德（公元前384—公元前322年）是柏拉图的学生，但他指出"理念说"不能说明"理念"究竟如何和为什么创造了具体事物[②]。亚里士多德认为，"一般"是不能脱离"个别"而单独存在的，脱离"个别"并且先于"个别"而独立存在的一般是没有的。由于坚持了"个别"与"一般"的这种唯物主义观点，亚里士多德实质上已否定了柏拉图从"美的理念"寻求美的根源的路线，而认为美的本质存在于感性事物本身。

亚里士多德肯定了美在事物的形式、比例。美主要是在事物的"秩序、匀称与明确"的形式方面，主要靠事物的"体积与安排"。他说："一个有生命的东西

---

① 汪民安. 论柏拉图的身体之爱和真理之爱[J]. 首都师范大学学报（社会科学版）. 2022（1）：42-50.
② 贺博特·博德，戴晖. 亚里士多德哲学的科学秩序[J]. 清华西方哲学研究. 2021，7（2）：3-30.

或是任何由各部分组成的整体，如果要显得美，就不仅要在各部分的安排上见出一种秩序，而且还须有一定的体积大小，因为美就在于体积大小和秩序。一个太小的动物不能美，因为小到不转睛去看时，就无法把它看清楚；一个太大的东西，例如一千里长的动物，也不能美，因为一眼看不到边，就看不出它的统一和完整。"

由此看出，在美的问题上，亚里士多德基本遵循了当时希腊朴素唯物主义观点。这种观点抓住了美必须具有特定的感性形式，并努力在客观事物中去发现它们，对艺术实践产生了很大的影响。正因为如此，亚里士多德才被认为是欧洲美学思想的奠基人，车尔尼雪夫斯基称他"是第一个以独立体系阐明美学概念的人，他的概念竟雄霸了二千多年"。

康德（1724—1804年）作为唯心主义美学思想主要的代表人物之一，在哲学和美学史上占有很重要的地位。他不但是德国古典美学的奠基人，而且是近代西方美学承先启后的学者。美学是康德整个哲学体系的一个组成部分，而《判断力批判》则是他的主要美学著作。这部著作分为两个部分，即《审美判断力批判》和《目的判断力批判》[①]。

《审美判断力批判》是专门讨论美学有关的问题，这是他美学思想的集中体现。康德对于美的分析，是从区分审美判断和逻辑判断开始的。所谓逻辑判断是由理解力联系客体去求知识，它是同概念相联系的，所以也叫知识判断。所谓审美判断则是理解力和想象力结合，联系主体去求愉悦或不愉悦，它是感情相联系的，所以也叫鉴赏判断、趣味判断或者感情判断。而引起主体的愉悦或不愉悦的，不在对象的内容而在它的形式。

但是，康德分析的并不是对象客观的形式，而是人的主观条件，亦即在什么样的主观条件下，对象才是美的。他说："至于审美的规定根据，我们认为他只能是主观的，不可能是别的"，"如果说一个对象是美的，以此来证明我有鉴赏力，关键是系于我自己心里从这个表象看出什么来，而不是系于这个事物的存在"。

这就是说，关于美的问题，完全是一个主观鉴赏的问题。因为鉴赏判断力永远含有它与悟性的关系。在康德看来，美和实际的利害无关，因此不同于实践的功利活动；和概念无关，因此不同于逻辑的理论活动；和目的无关，因此不同于道德上的善，美是对象在形式上对我们主体心理所引起的一种快与不快的感情。

---

① 刘凤娟. 康德的历史终结论[J]. 湖北大学学报（哲学社会科学版）. 2022, 49（2）：112-119.

引起这种感情的对象是个别的，产生这种感情的主体也是个别的，但是它却具有普遍性和必然性，能够得到人们的普遍赞同。康德在美学史上的贡献是不可忽视的。他冲破了理性主义与经验主义的思想壁垒，为美学的发展开拓了新的境界，在各种相互矛盾的观点中，找到了把理性与经验、理解力与想象力、必然与自由等统一起来的途径。他的许多观点直接影响到以后的美学家。

黑格尔（1770—1831年）是德国古典主义哲学家、美学家。他从唯心主义理论出发提出了"美是理念的感性显现"的命题。

黑格尔说：美就是理念，所以从一方面看，美与真是一回事，这就是说，美本身必须是真的。但是从另一方面看，说得更严格一点，美与真却是有分别的……真，就它是真来说，也存在着。当真在它的这种外在存在中是直接显现于意识，而且它的概念是直接和它的外在现象处于统一体时，理念就不仅是真的，而且是美的了。美因此可以下这样的定义："美就是理念的感性显现。"[①]

与柏拉图有所不同，他并不认为"理念"就是上帝或神，而认为理念是一种超自然的客观存在，是客观地支配自然、社会、人类和一切万物的最高力量或绝对精神。他表面上承认美是客观的，实质上提倡美是"理念"的外化和具体化，"即概念和体现概念的实在二者的直接的统一，但是这种统一须直接在感性的实在的显现中存在着，才是美的理念"。

黑格尔是辩证论者，他自始至终都是用辩证法的观点来阐述美学思想，因此包含着许多合理的内核。首先，强调理性与感性的统一。他说："真正的创造就是艺术想象的活动。这种活动就是理性的因素。"在强调理性的同时，黑格尔并没有否定感性。在他看来，只有理性还不够，还必须有外部表现、感性形式，并且使二者统一起来。他认为，感性形式是理性的显现，根源仍在理性。若没有感性形式，理性也就失去了光辉。艺术不应以抽象的思想出现，而应化为个性的、感性的东西，成为有血有肉的艺术形式，达到艺术美要求的理性与感性的统一。其次，包含内容与形式的统一。他说："艺术的内容就是理念，艺术的形式就是诉诸感官的形象。艺术要把这两方面调和成一种自由的统一整体。"当然，理念在黑格尔"美"的概念中居于主导地方，所以在内容与形式的统一中，内容居于主导

[①] 包大为. 黑格尔的解放伦理与历史主义意图[J]. 人文杂志. 2022（3）：71–79.

地位,"形式的缺陷总是起于内容的缺陷,艺术作品的表现越优美,他的内容和思想也就具有越深刻的内在真实"。

黑格尔这一看法是辩证的和科学的。最后,包含一般和特殊的统一。黑格尔在给"美"下的定义中具有一个辩证的道理:就其作为客观世界的本源来说,理念是普遍的逻辑范畴,是万事万物后面的理,所以是客观的和一般的;就感性事物来说,它虽然是理念的"显现",但它又是具体的、个别的和特殊的。因而,他为"美"下的定义中包含着一般与特殊相统一的观点。黑格尔指出:"具有在个性与普遍性的统一和交融中才有真正的独立自主性,因为正如普遍性只有通过个别事物才能获得具体的实在,个别的、特殊的事物也只有在普遍性里才能找到它的现实存在的坚固基础和真正内容(意蕴)。"

他认为,这种普遍性与个别性的统一表现在万事万物之中。就艺术创造来说,正是在这种一般的普遍性与个别的特殊性的统一中,形成了人物性格的"理想性",即艺术典型。

车尔尼雪夫斯基(1828—1889年)是革命民主主义者。他从革命民主主义出发提出了"美是生活"的论断。

车尔尼雪夫斯基说:"任何事物,凡是我们在那里面看得见依照我们的理解应当如此生活,那就是美的;任何东西,凡是显示出生活或使我们想起的生活的,那就是美的。"他对"美是生活"的论证是从两个基本点出发的[①]。第一,美包含了一种可爱的、为我们心所宝贵的东西;第二,美是活生生的事物,是多种多样的对象。在他看来,生活便圆满地具有了上述特点。他还从人们所处的社会地位、生活方式之间的不同,具体分析了社会生活中人物形象美的不同标准。他比以前唯物主义美学家认为美在事物的自然属性前进了一大步,把美建立在广阔的生活基础上。对自然美他也联系生活来分析,认为自然美是由于对生活的暗示才产生的。从客观的人类社会生活中来追究美的根源,可以说已经开始抓住了问题的关键。

(3)我国当代美学界对"美"的争论

中华人民共和国成立以后,美学研究在我国进入一个新的历史阶段。美学界

[①] 田刚健. "美是生活"抑或"美是生命"——车尔尼雪夫斯基美学意蕴及当代价值再探[J]. 俄罗斯文艺. 2019(4):107–115.

对许多理论问题展开了深入探讨。其中讨论最多的一个问题，就是美的本质。这是美学迷宫中一个难以解开的谜。学术讨论出现了空前繁荣的景象，研究进入了更深层次。对于美的本质主要有如下四种观点：

第一，以吕荧和高尔泰为代表的"主观说"。主张美是主观的，"美是观念"。这派观点强调美是人的心灵的产物，是人的主观意识的表现，是人的主观精神活动的结果。

这些见解虽然看到了人的主观精神在审美过程中的能动作用，但在美的来源问题上，颠倒了存在与意识、物质与精神之间的辩证统一关系，否定了意识依赖于存在，精神依赖于物质的唯物论的反映论原理。

第二，以蔡仪为代表的"客观说"。"客观说"的特点在于它首先承认美是客观的，而且美具有客观的标准，这标准就是典型。凡在同类中最典型的，最能表现种类特点的，就是最美的。

这在美的本质问题上，旗帜鲜明地坚持了唯物主义的反映观论点。但是，在理论上它也遇到了困难。具体表现为，典型即美的理论，没有能够将美的种类和不美的种类区别开来。比如，一只最能表现蛙类这种动物的普遍性的具体的癞蛤蟆，尽管是同类中出色的标本，但绝不显得美。另外，典型即美的理论，只着重强调了美的绝对性方面，而忽略了相对性方面。因此，其确认的美的概念，成了一个凝固不变的、超时代、超民族、超阶级的概念，完全失掉了美的无限丰富多彩、生动活泼的具体内涵。

第三，以朱光潜为代表的"主客观统一说"。所谓客观，就是指美必须以客观的自然事物作为条件；所谓主观，就是指主观意识形态的作用。他认为单纯的客观自然事物本身还不能成为美，必须在客观事物上附以主观意识形态的影响，即"物"派生出"物的形象"，从而才能获得美。朱光潜认为："'物的形象'是'物'在人的既定的主观条件（如意识形态、情趣等）的影响下反映于人的意识的结果，所以只是一种知识形式。在这个反映的关系上，物是第一性的，物的形象是第二性的。但是这'物的形象'在形成之中就成了认识的对象。就其为对象来说，它也可以叫作'物'不过这个'物'（姑简称物乙）不同于原来产生形象的那个'物'（姑简称物甲）。物甲只是自然物，物乙是自然物的客观条件加上人的主观条件的影响而产生的，所以已经不纯是自然物，而是夹杂着人的主观成分的物。换句话说，已经是社会的物了。美感的对象不是自然物而是作为物的形象的社会的物。"①

基于这一认识，朱光潜对美下了一个定义："美是客观方面某些事物、性质和形状适合主观方面意识形态，可以交融在一起而成为一个完整形象的那种特质。"朱光潜的美学观点可以这样概括：美是主观与客观的辩证的统一；现实事物必须先有某些产生美的客观条件，而这些客观条件必须与人的阶级意识、世界观、生活经验这些主观因素相结合，才能产生美。美是文艺的一种特质，文艺是一种社会意识形态，所以美必须带有意识形态性或阶级性。

第四，以李泽厚为代表的"客观性与社会性统一说"。李泽厚认为美是客观的，又是社会的，美就是客观的社会生活的属性。他所说的客观性，不是指物的自然性或者典型性，而是指物的社会性；他所说的社会性，不是指主观的社会意识或社会情趣，而是指社会生活的客观属性。客观性与社会性，是美的二而为一、一而为二的两个不可分割的方面。他因为美离不开人，离不开人类社会生活。"美与善一样，都只能是人类社会的产物，他们都只对于人，对于人类社会才有意义。在人类以前，宇宙太空无所谓美丑，就正如当时无所谓善恶一样。"这就是美的社会性。这种社会性却并不是美的主观性，而恰恰是美的客观性。美的社会性与客观性不但不矛盾，而且是根本不可分割地统一着的。基于这样一种认识，李泽厚给美下了一个定义："美就是包含着社会发展的本质、规律和理想而有着具体可感形态的现实生活现象，简言之，美是蕴藏着真正的社会深度和人生真理的生活形象（包括社会形象和自然形象）。美是真理的形象。"②据此，他认为美具有两个特点：从本质、规律和思想等方面来说，美具有客观社会性的特点，美就是客观生活本身，是不能超越生活而独立存在的；从可感形态方面来说，美又具有具体形象性的特点。他还从马克思主义的实践观点出发，强调"美是社会实践的产物"，并指出："就内容而言，美是现实以自由形式对实践的肯定；就形式而言，美是现实肯定实践的自由形式。" 80 年代，他又提出美是"有意味的形式"和"审美积淀论"的解说和解释的理论。这在原来的观点上又前进了一步。

---

① 龙欢欢. "美是生活"：浅论车尔尼雪夫斯基美学[J]. 湖北开放职业学院学报. 2019, 32 (10)：191-192.
② 柯略. 高校美术教学中审美教育策略研究[J]. 文化产业. 2022 (7)：130-132.

二、审美

（一）审美释义

当人们沉浸于美妙的音乐、新颖的图画、美丽的大自然、激动人心的体育比赛其中，我们说，这是人们在审美。当人们"沉浸于"具体的客观事物的时候，这标志人们进行着一种特殊的精神活动——审美活动。

每个人都有审美能力和或多或少的审美经验。而动物却感受不到美，正像马克思所说："人具有感受形式美的眼睛，感受音乐的耳朵。"审美是人类重要的精神活动之一，中外美学家对审美的含义和特征做了很多描述和概括。亚里士多德在他的《伦理学》谈到，人们在审美中专注于眼前对象，在观看和聆听中获得很大的愉快，使人忘记了一切忧虑；人们在审美中意志活动中断，人似乎觉得自己像在海妖的美色中陶醉了；审美经验是人所独有的，人的审美愉快来源于视觉和听觉感受到的和谐。其他生物虽然也有自己的快乐，但其快乐来源于嗅觉或味觉；人的审美愉快直接来自对对象的感觉本身。英国哲学家休谟认为，人的审美趣味具有一致性，审美有要求的条件，是心灵要完全安静，思想和情绪要镇静自若，注意力要指向对象。

康德认为，审美是"趣味判断"或"鉴赏判断"，它和实际的利害无关，因此不同于实践的功利活动；它和概念无关，因此不同于逻辑的理论活动；它和目的无关，因此不同于道德上的善。但康德又认为审美活动与实践活动都产生类似的动机，审美活动中也涉及一种"不确定的概念"，审美活动本身就是想象力和理解力的和谐，是没有规律而和规律性、没有目的而合目的性的一种自由的精神活动[1]。

德国古典主义哲学家、美学家黑格尔认为，审美介于感性功利实践与理性抽象思考之间的一种主体心理活动。在审美中，主体不对对象起实践期待，而让其保持独立自由地存在，对象也只以其感性形式诉诸主体，不探求对象的本质和规律，对象也只以个别的感性形象与主体发生关照、认识的关系。在审美中，主体和对象都处于自由和谐的状态。黑格尔说："我们一般可以把美的领域中的活动看作一种灵魂的解放，而摆脱一切压抑和限制的过程。""审美带有令人解放的性

---

[1] 孔令辉. 康德的"审美无利害"说研究 [J]. 扬州：扬州大学，2017.

质。"自由、无限、解放,这是黑格尔对审美性质的根本规定。

根据以上对审美和中外美学家对审美的分析,审美可以大致如下的概括:所谓审美,是审美主体对审美对象进行自由观照的一种精神性活动,是发生在审美主客体之间的充满愉悦性的心物感应、物我交流的动态心理过程。

(二)审美的过程和结构

审美是一种精神活动,是动态的心理过程。了解审美的过程和结构,对实施体育审美教育是十分有益和必要的。一般它可以分为准备阶段、实现阶段和成果阶段。

准备阶段是审美态度阶段,也可称作审美立场。审美注意就是当审美主体遇到具体对象的时候,把注意力集中和停留在对象上面。审美注意把审美态度具体化了。这种注意和一般的注意不完全一样,它主要是一种对对象形式或结构的注意,不直接联结也不很快过渡到逻辑思考、概念意义,而是更为长久地停留在对象的形式结构本身,并从而发展其他心理功能,如情感、想象的深入活动。这种通过审美注意所获得的对象形式的注意所得到的感受,又恰好是与自己的情感形式相沟通。所谓审美的实现阶段,也就是通常所说的美感,即审美愉快、审美感受,或是康德所称的审美判断。审美感受或者审美愉快不是一种被动的产物,它不同于吃食物时生理愉快,而是人们主动进行的生理活动[①]。审美感受不是某种单一或单纯的感知反应,它是一种积极的心理活动过程,其中包括了感知、想象、理解、情感多种因素的交错融合。审美愉快的产生是由于各种心理功能相互活动、交错融合的结果。我们通过对感知、理解、想象、情感四个因素的分析来了解审美感受这一审美过程。

美感由审美注意具体化到审美感知,开始进入实现阶段,美感实现阶段首先是审美知觉,即对审美对象的感知。审美感知似乎就是平时的纯感性知觉,实际上是超感性的知觉,它包含着许多因素,尤其是认识、理解的因素。但这认识、理解又只是因素,它已经融合在审美感知中了,是非自觉意识的。人的审美感知已经不是单纯的生理感官的舒适,不是单一的感知和感受,而一般是既有动物性的生理需要,同时又是多种心理功能相综合的协同运动结果。

---

① 文苑仲. 人类解放的审美之维——当代西方马克思主义政治美学思想研究 [D]. 南京:东南大学,2015.

"理解"在审美中有好几个层次。第一层含义是处于审美中的人总是意识到自己处于非实在的状态,不必对所见所闻作出行动的反应。第二层含义则是对对象内容的认识。例如,当人们观看、欣赏体育竞赛的时候,首先要了解这个体育项目的特点、规则等内容,这是观看体育比赛的前提,只有对所欣赏的体育项目有所,了解才能真正地懂得比赛,从而可以进一步获得更深层次、更高级别的审美体验。但所有这两种含义都还不是真正的审美理解,它们只是进行审美或获得美感的前提条件。审美理解的第三层含义在于,在审美中,在美感中,从理智上认识对象的情感性质、技术特征。例如"这个曲调是悲哀的""这种手法如何如何"。第四层含义的审美理解因素是更为内在和深层的。它指的是渗透在感知、想象、情感诸因素并与它们融为一体的某种非确定性的认识。它往往如此朦胧多义,以致很难甚至不能用确定的一般概念语言去限定、规范或解释。

因此,审美理解往往具有一种"可意会不可言传"的特点,是一种理解以后的更深刻的感觉。钱锺书先生所谓"理之在诗,如水中盐、蜜中花,体匿性存,无痕有味,现象无相,立说无说",正道出了审美理解与感知、想象、情感融为一体、了无痕迹的特点。

感知作为审美的出发点,理解作为审美的认识性因素,其中介、载体或展现形态,则是想象。感知在生理上、理解在逻辑程序中都是常数,正是想象才使它们成了变数。

想象大概是审美中的关键,正是它使感知超出自身,正是它使理解不走向概念,正是它使情感能构造另一个多样化的幻想世界。正如马克思所说的"动物没有想象,只有人能想象。从想象真实的东西,到真实地想象东西"[①]。

理解、想象力都是人类较高级的心理功能,而审美愉快中还包含着某些与人的生理动机有关的心理满足,不只是理解和想象力而已。弗洛伊德学派认为审美或艺术是渴望在想象中得到变相的满足。这也就涉及审美结构和过程中的情感因素了。

审美中的情感,又是极为复杂的问题。特别是它与想象的关系。情感在科学想象中并不成为想象本身的构成、内容或动力,在日常生活和审美活动(包括欣赏的审美感受和创作的形象思维)中却不然,正是人们的主观情感、心境、意志、意欲,自觉或不自觉地成为驱使想象飞翔的内容、动力、中介和基础。情感使想

---

① 陈雪梅. 审美超越性研究[D]. 杭州:浙江大学;2009.

象插上了翅膀，趋向理解而转化为感知构成特定的审美状态，即一定种类的审美感受、审美经验。

体育审美又有其特殊性，体育有别于静态的山水园林、书画雕塑，它对美的表达往往是在迅疾的瞬间闪现出来又倏忽而逝的。它美在过程、美在悬念、美在不可复现的每一个动感瞬间。因此，我们对体育运动的欣赏很难做到像面对山水画那样，作拉开距离的静态观照。尤其是面对那些关乎民族荣誉的重大赛事，更无法止于视觉上的观赏，人们会浑然忘我地倾情投入，无法自拔，使审美感知弥漫着强烈的情感色彩。由于体育是一个国家的综合实力与民族精神的集中展示，这种展示又是在与他国、他队的激烈较量中实现的，它自然成为凝聚民族精神、激发民族情感的最佳媒体，使全体国民产生一种强烈的参与感与认同感。正是这种参与感与认同感，奠定了观众对比赛胜负所持的情感判断基础，使他们在观看比赛的过程中，情不自禁地与"自己的"队伍融为一体，热血为之涌动，神魂为之颠倒，泪水与之交流。尽管人们心中明知"胜败乃兵家常事""不必当真"，但仍旧无法抑制那份揪心的牵挂、灼人的焦虑、胜利的狂喜与失败的悲哀。应当承认，这种对胜负计较的心理中已经含有了功利的成分，但这是一种超越了个体功利的社会功利。它摆脱了种种狭隘的个体生理需要和实用需要，升华为一种高级情感形态。作为审美对象的体育竞赛之所以能够使人动情，从根本上说，正是因为它在感性形式中潜藏着社会性的功利目的，使祖国荣誉、民族尊严化作具体的感性形式，使人们的爱国热情与民族情感借此得到寄托与宣泄，使人们在这大悲大喜的体验中，得到强烈的审美感受。

审美观念、审美趣味、审美理想不只是从审美经验中归纳或产生出来的。除了以往的审美经验，还有许多其他因素，如个人的生活环境、人生经历、兴趣爱好、文化修养、个性倾向以及先天的气质、潜能等，都起到重要作用。所以一个审美经验并不一定很丰富的人，却仍然可以有较高的审美趣味、审美理想。

三、审美教育的内涵

随着我国教育改革的深入，已经有越来越多的人意识到："审美教育不仅成了当今教育中的重要组成部分，而且大有成为整个教育的基础和整个教育改革的突破口的趋势"。所以，有必要搞清楚审美教育的内涵。

第六章 体育审美教育观

审美教育一词，由德文 Aesthetic Rehung 翻译而来。从理论上讲，其包含美学与教育学两个学科，但从其实践品性来看，它又与社会学、伦理学、心理学、文化学密切相关。就美学的一般理论而言，在人对现实的审美关系之中，美的客体与审美主体之间总是相互作用的，不仅审美主体能够感受客体的美与不断创造美的物质产品和精神产品，而且美的客体（不仅是自然美、社会美，还包括艺术美）还能发展和提高人感受美和创造美的能力。因此，人们很早就懂得这一辩证法规律，把美的对象运用到对人本身的培养和教育过程，西方早在古希腊时期，在城邦保卫者的教育中就有美育的内容，而我国春秋时期更是十分重视"诗教"和"乐教"。但将这种教育活动称之为"美育"仅有200多年。在此之前，人们对美育的探索尚处于一种自发的、不系统的状态。

1795年德国启蒙运动时期的著名思想家、美学家席勒在其美学著作《审美教育书简》中，首先明确地提出、运用了"美育"的概念。席勒之所以提出审美教育的概念，是因为他看出了资本主义时代的最大问题，即以分工为标志的工业社会对人的性格发展带来了严重的后果：人性分裂，自由丧失。在他看来，要恢复人的完整、和谐的个性，提倡美育是唯一的方法。"我们为了在经验中解决政治问题，就必须通过审美教育的途径，因为正是通过美，人们才可以达到自由。"

由此可以看出，《审美教育书简》的宗旨是：人必须通过审美状态才能由单纯的感性状态达到理性和道德的状态，达到自由。"事实上人随着自己进入各种被规定状态而丧失了这种人性。如果人能够过渡到一种相反的状态，那么他就能够通过审美的生命力而重新恢复这种人性。"

毋庸置疑，席勒过分夸大了美学的作用，但是，他对审美教育促进个人的全面发展的积极作用的论述，促进了美学与教育的结合，即形成了整个人类教育的一个极其重要的有机组成部分——审美教育。

经过200余年的发展，现在无论是在东方还是西方，越来越多的思想家已经意识到美育的重要性，越来越多的人已经开始将美育与人自身的发展完善联系起来考察，美育被视为造就完善人格的基础训练和必由之路[①]。在这种时代氛围下，美育究竟是什么，其内涵与外延如何，学术界和教育界目前仍然争论不休。但概括起来主要有以下六种观点：

---

① 李媛媛. 杜威美学思想与中国的"日常生活审美化"[J]. 文艺争鸣. 2007（11）：39-42.

（一）认为美育是德育的辅助手段

这种观点看到了美育对思想品德、人格品质、人生态度的影响，认识到了美育对德育的辅助功能，即美能辅德。这种提法有着很深的历史渊源。在"六艺"教育中，"礼"居于首位，这就要求包括美育（"乐、教"）在内的其他教育从属于"礼"的教育，要求受教者明白"君臣之义""长幼之序"，通过"演礼"等活动，使其行为举止合乎礼节。我国当代学者檀传宝更是从理论层面研究了美育对德育的辅助作用，并创立了自己独特的理论体系，用美学解释德育，使"美"与"德"联系得更为紧密，"美"为核心，建立了新的德育教育观念。而在西方也出现了类似的理论创新。可以看出，"美"与"德"是有密切关系的，德育和美育是可以相互影响、相互交叉、相互融合的，但是，美育与德育都有自己各自的理论体系，不可能由一方代替另一方。无论从教育理论或者是教育的实践来看，美育和德育是有很大区别的。

（二）认为美育就是艺术教育

艺术教育是美育实施的重要阵地，是美育实施的手段、方法、内容。如果美育不涉及艺术教育，那样的美育就失去了它应有的魅力和作用。但是艺术教育无法涵盖美育的全部内容。艺术教育经过历史的发展，已经形成了一套整体的学科体系，包括艺术史、文艺批评、文艺创作等。它针对的是专门从事艺术工作的工作者，而美育是针对所有受教育的学生，使他们能成为全面自由的人，并不强求在艺术领域有很高的造诣。艺术教育只是实现美育目标的一个途径，但不是唯一的途径，美育的实施必须通过多途径、多门路。所以，认为艺术教育就是美育是不准确的。随着社会的发展、进步，人们对于美和审美的要求越来越高，而且不仅限于对艺术的欣赏，还有对自然美的欣赏，对社会现象美与丑的分辨，对人类崇高活动的审美认同，都是我们应该在美育实践中重点关注的。如果只把美育限定于艺术教育，是不符合全面发展的教育理念的。

（三）认为美育是情感教育

这种观点由来已久。康德认为，人的心理应该分为知、情、意三个部分，他的哲学体系也是按照这个观点建立的，知是哲学，意是伦理学，那么情就是美学，所以，很多学者都认为美育应该是情感教育。而中国把美育引入的时候，也是认为它是一种情感和对感性的教育。而且，在教育系统中，美育确实偏重情感和感性。因为审美活动就是一种情感的调动，所有的审美活动都是一种情感活动。而且美育必须通过引导学生的情感，升华学生的情感才能对学生进行教育，促进其身心的发展。这也是美育的特点。因此，这种观点是有一定道理的，但并不全面[①]。这种观点忽略了美育中也存在着理性，毕竟美育也要引导学生对什么是美、什么是丑作出界定和判断，也要对什么是文明的情感宣泄、什么是野蛮的冲动等方面作出理性的分析和判断，这都是美育的重要内容，只依靠直觉、情感体验和愉悦为主的情感教育是不能达到美育的全部目的。那样，美育的功能就不能完全地发挥。教育理论和实践已经证明了美育是一种对人全方位的教育，不仅仅是对情操的陶冶，对情感的培养。美育中不仅存在感性、情感的教育，也需要理性和理智的教育。

（四）认为美育是美感教育

中国近代的教育家，例如蔡元培等，都认为美育是美感的教育。随着美育理论和实践的发展，情感教育不能概括审美教育。而美感教育能更好地解释审美教育。美育一词来源于德语"asthetihe erzeihung"，它的英语是"aesthetic education"，而"aesthetic"的意思是美感，"education"是教育的意思，所以，"aesthetic education"按照字面的理解，应该被翻译成"美感教育"。在教育实践中，只有让受教育者对美产生感知，也就是说，让美在学生的心里反应为美感才能进行美育。不论什么形式的美育，都必须通过这样的美感才能实现教育的意义。

审美感受除了美感，还有许多，例如丑感、荒诞感、崇高感、悲剧感、幽默感等审美感受内容，缺少了这些审美感受的美育是单调的和匮乏的。美感教育是无法应对现代社会和世界的多元性和多样化，也无法满足学生丰富、多样的审美心理，要想使学生的审美心理结构和审美能力得到全面健康的发展，就必须用能与之相适应的多元审美内容去引导和塑造。

（五）认为美育是"全面育人"的教育

这种观点不再纠缠于美育是德育、情育、美感教育或是审美教育，而是全面

[①] 徐辉. 当代审美现代性的困境与出路 [J]. 唐都学刊. 2008（2）：61-64.

地认识了美育的功能,那就是促进人的身心、各种素质的全面、自由、和谐地发展,这是一种系统论的观点。但是这种观点与以往对美育的观点同样有一个缺陷:那就是他们只考虑如何利用教育以外的美的内容来培养人,却忽视了教育自身的美,没有考虑到如何发挥教育自身所具有的美,如何做才能使教育具有美感,这是一个根本问题。审美教育应该更多地注重利用教育自身的规律以及教育对人全面和谐发展的作用。这种观点只是把美当作游离于教育之外的事物,只是借助美去进行教育,而不是考虑如何创造美育的新局面。

(六)认为美育是教育的一种境界

这种观点提出之前,我国一直沿用王国维把教育分为德育、智育、美育与体育的分类方法。这种观点的提出,把美育从单一的教育形式中解放出来,提出教育审美化的观念,在每个学科,每一个教育阶段,每一个教育环节都有美育的参与,将美育变成一种教育理念渗透到整个教育领域,是一种全新的观念。这种观点强调提炼、升华教育真、善内容中的美,强调教育的真、善向教育的美转化,强调整个教育的审美性、审美化,并不是以美育代替甚至取消其他教育,而是在拓展、深化美育的同时,促进与扩展德育、智育、体育等教育,提高教育的层次,升华教育的品位,增强教育的效果,形成1+1>2的整体教育效益,从而符合素质教育的要求与规律。"将所有的教学因素(诸如内容、方法、手段、评价、环境等)转化为审美对象,使整个教学过程转化成为美的欣赏、美的表现和美的创造活动,使整个教学成为内在逻辑美和外在形式美高度和谐统一、静态和动态和谐统一的整体,从而大幅度提高教学效率,减轻学习负担,使师生都充分获得身心愉悦的一种教学思想、理论和操作模式"[1]。

四、美育精神的体育借鉴

审美教育渗透到学校教育的各个学科,在体育中尤为突出。体育中的美育,不仅有独特的教育手段,而且有独特的教育效果。它不像美术教育,通过线条、形状、色彩、造型等,提高学生辨别各种不同色彩变化的美,以及观察造型的美。

---

[1] 袁开源. 审美现代性的两极融结[J]. 广西民族大学学报(哲学社会科学版). 2013, 35(6): 172-176.

也不像音乐教育,通过节奏、旋律等在塑造音乐形象,发展学生的美的欣赏能力。它是通过体育中大量的审美因素,以一种富有多种艺术因素的人类运动美的教育来促进人的身心协调发展。

对各种运动形式的美的感受和创造是体育不可或缺的,审美动机的产生更是必不可少。在体育中,当学生面对教师完美、轻松、自由、标准的示范动作,一定会产生强烈的审美体验,这样的示范动作会引起他们的感叹、喜悦和向往,由此会激发学生学习的兴趣。心理学家曾做过实验,在舞蹈课上学生最积极模仿的动作,都是不约而同地集中在舞蹈教师最和谐、自我感觉最愉快的那些舞蹈动作上。并且,学生对这类动作也最敏感,记忆最深刻。当然,体育教学中的示范动作不同于舞蹈,但作为身体运动,它们是一致的。它表明,和谐的身体运动形式,是人们向往和追求的。而这种和谐的身体运动形式正是美的形式。所以,引导学生发现体育美,感受体育美是激起学生学习动机的重要组成部分。

朱光潜解释说:"'净化'的要义在于通过音乐和其他艺术,使某种过分强烈的情绪因宣泄而达到平衡,因此可以恢复和保持心理的健康。"

心理状态平和、稳定是身体活动的前提和基础。无论运动技能和技术的掌握,还是体育竞赛,都要求要有稳定的心理素质;审美的心理状态也不是消沉、呆滞、麻木的,而是活泼灵敏的、自由和谐的,有较高审美素养的人也是能比较自如地调节内心平衡的人。

第三节 体育美的理性研究

体育美是体育领域里丰富多彩的美的总称。体育中存在大量美的现象,体育美是普遍存在的。但要理性地思考和研究体育美并不是一件容易的事情,这就必须借鉴研究美的方法和思路,从体育美产生的根源,紧密联系人类丰富的审美实践活动来考察。

一、体育美的根源

马克思主义认为:社会生活的物质条件是文化产生和发展的基本源泉,生产方式决定着人们的社会生活和精神生活,决定着人们的文化发展。

体育作为一种社会文化形态，它的最终根源是人类的社会实践活动。随着人类社会生产劳动的需要、社会生活的需要，随着人类文明的产生而产生了体育。体育美的产生经过了一个由功利目的向审美转化的漫长历史过程。人类的审美活动始终是在生产劳动这个社会实践的母体中孕育成长的。体育作为人类社会实践的一个重要组成部分，从一开始便成为美的渊源之一。在原始社会，劳动创造了人类社会，创造了人同其他动物最后的本质区别，也为体育这种社会现象的产生奠定了深厚的基础，或者说提供了"第一个基本条件"。

在人类社会早期，由于生产力水平极其低下，人的生活的全部就是为了解决生存问题，那时还不能产生脱离生产活动的行为。所以，身体活动大部分紧密围绕着劳动。例如，快速地奔跑，准确地投掷，有力地刺击，灵活地攀爬。这些对身体的训练虽然是原始教育的主要部分，其活动的内容也与今天的体育相似，但其并不是为了锻炼身体和增进健康，而是为了掌握赖以谋生的生产、生活技能以便生存和自卫，即使对年幼一代进行的跑、跳、投等身体基本运动能力的训练，也主要是为传授生产技能[①]。还有一部分就是祭礼运动。可以说，史前体育（指史前时期原始文化共同体中常有身体锻炼和生存能力学习性质的活动）发展的最高阶段是祭礼运动的产生。

体育的萌芽就是植根于这些奔跑、投掷、攀登、游泳、格斗、祭礼舞蹈等原始身体活动形式的劳动技能、生活技能和祭礼活动之中的。同时，这些为满足生存需要而进行的身体活动虽然带有强烈的功利性，但是孕育出一些审美的因素。

这些所谓的审美因素，就是感知愉快和情感宣泄的文化，亦即生理性的愉快（官能感受愉快和情感宣泄愉快）的社会化、文化化。

随着生产工具的日益改进，生产力的不断发展，体育开始萌芽。但当时的体育始终没有从宗教祭祀和军事训练活动中独立出来，它不是以健康为目的，而是获得强悍的体力的身体训练或是为了取悦神灵的表演。然而，物质生产的进步带来了文化的发展，当人们不再为温饱而耗去全部精力时，在有意识组织的竞技运动中便显示出其独具一格的审美价值。例如，著名的古希腊竞技，就表现出强烈的审美意识，与各类艺术活动融为一体，构成了人类审美历史中的一个高峰。

随着人类不断认识自然改造自然，代表人类智慧的近代科学技术的迅猛发展，

---

① 刘纲纪. 建立具有鲜明中国特色的美学体系[J]. 武汉教育学院学报. 1998（1）：5-6.

使体育真正从劳动、军事和宗教中脱离出来，成为人类社会一种特殊的文化活动。人们对体育的认识不断提高，这不但使体育具有相对独立的理论系统，其科学性也大大加强，更重要的是，体育有了一整套的方针政策和知识体系。可以说，体育到这时才成熟了、完整了，才形成了自己的结构，具有了自身的体系和特点。体育成为独立的社会形态，而体育活动中零散存在的美也逐渐地聚合起来，成为不同于其他任何领域的独特的审美对象。无独有偶，美学也是在这个时候在西方诞生。从那时起，体育美也逐渐地获得美学研究者的青睐。从历史发展的轨迹上看，这并不是偶然的现象[①]，因为"人类的社会实践活动越来越广阔、深入，使社会的活动过程和产品成果不断发展扩大，在不同的时代，形成不同的美的标准、尺度和面貌"。

体育美根源于人类主体以使用工具、制造工具的现实物质活动作为中介的动力系统，体育形式美及其一般规律或特征，如对称、均衡、比例、和谐、节奏、韵律……尽管其本身是自然界的规律及现象，却只有人类通过生产实践才能将其抽离出来的。从实质上说，它是人类实践力量所造成的抽离，是人类历史实践所建立的感性中的结构。

二、体育美的本质

体育美是一种社会现象，是社会历史发展的产物，它受到人类社会生活的制约，随着社会历史的不断发展而不断丰富和发展。

马克思在《1844年经济学哲学手稿》中提出了两个重要的美学命题："劳动创造了美"和人"在他所创造的世界中直观自身"，并由此揭示了美是"人的本质力量对象化的感性显现"这一本质。

那么，什么是人的"本质力量"呢？马克思曾说："人以一种全面的方式，也就是说作为完整的人把自己的全面的本质据为己有。"这里说的"完整的人"，是指健全的人和社会的人；这里说的"全面的本质"，是指马克思解释的"视觉、听觉、嗅觉、味觉、触觉、思维、直观、感觉、愿望、活动、爱"等，包括五官感觉在内的人的肉体和精神的全部社会性功能，人的体力和脑力的全部总和。马

[①] 杨恩寰. 审美经验研究三题议[J]. 辽宁大学学报（哲学社会科学版）. 1990（6）: 57-61, 69.

克思又提出"人的本质在其现实性上,它是一切社会关系的总和"的思想。可见,人的本质是一个社会的概念,它是就整个人类来说的,因而,人的本质力量的表现,应是人类本质力量所达到的高度,是人类社会发展的积淀成果。

所谓"对象化",马克思概括地说,那就是"对象成了他本身"。这里,马克思揭示了人与现实的关系是一种积极实践的关系。也就是说,正是通过实践,人的本质力量才不断从自身外化,又不断向对象转移,最终在对象中凝结。由此,人的本质力量迸发了,显示了,实现了,确证了。正如马克思说的,对象化的过程"劳动物化了,而对象被加工了,在劳动者方面曾以动的形式表现出来的东西,现在在产品方面作为静的属性,以存在的形式表现出来。"

在这个过程中,自然人化了,这种人化包括两个方面:一方面是外在自然的人化,它使人化了的自然获得了美的属性;另一方面是内在自然的人化,它使人的器官变成"有音乐感的耳朵、能感受形式美的眼睛",从而获得审美的能力。可以说,体育美是反映人与体育的审美关系。体育美的本质是人的本质力量在体育运动实践这个特定领域中的对象化。由于体育美是以人为对象,以人体运动为主要表现手段,因此,可以说体育美是人的本质力量在自身的直接展示,是人的本质力量在自身的"复现"和"确证"。

三、体育美的特征

体育美的本质必然表现为现象,构成审美属性,进而成为审美对象。所谓体育美的基本特征就是指那些足以显露体育美的本质的现象(审美属性、审美对象)的共同的、稳定的特性。体育美的本质决定了它具有形象性、感染性、愉悦性、创造性等基本特征。

(一)体育美的形象性

体育美具有形象性,也就是说体育美是一种具体的、能被人的感觉器官感受到的、有一定观赏价值的形象,而绝非一般抽象的概念。"凡是感觉不到的东西,对美感来说就不存在。"

抽象概念无论如何也不会引起人们的美感,因为概念只有正误之分,而无美丑可言。形象性是一切美的最根本的特征,没有形象就不成其为美,美寓于形象之中。我们对美的欣赏和感觉不管通过什么方法和途径，都是通过对美的形象的感知入手，只有通过感官直接感觉具体的形象，我们才能进一步获得美的享受。体育美正是如此，人体美要通过人的和谐均匀的体型、正确的姿态、有力而富有弹性的肌肉、红润的肤色等表现出来；技术美要通过不同项目的各种具体的技术动作表现出来。如，篮球的美要通过跑动、传球、接球、运球、投篮等一系列协调、完美的技术表现出来；田径中的跳跃项目的美也要通过助跑、起跳、腾空与落地等技术表现出来；花样游泳、体操等运动项目的美也要通过运动员各种技巧表现出来[1]。总之，体育美是具体的、生动的、形象的，离开具体可感的形象，就不是人的本质力量的感性显现了，也就无美可言。

黑格尔曾经说过："美只能在形象中见出，因为只有形象才是美的外在的显现。"也就是说，美作为人的本质力量对象化，即内容与形式对立统一，都是以一种具体可感的形象呈现出来的。也就是说，形象在形式上是客观事物的感性显现，在内容上是人的本质力量的反映，这样的形象才能使人感受到美的愉悦。如果没有客观事物的感性显现，也就无法反映主体的本质力量，如果没有主体本质力量，客观事物的感性显现也就没有了意义和价值。只有形式和内容完美地结合，即主体的本质力量得以感性地显现在客观形象上，才能引起主观意识的同构反映，并从人的心理影响到人的生理，产生具有心理和生理效应的情感愉悦。我国著名美学家宗白华说："形象不是形式，而是形式和内容的统一，形式中每一点、线、色、形、音、韵都表现着内容、情感、价值。"

我们说体育美具有形象性的特征，但不能把形象性的特征仅仅看作一个纯粹的形式问题，仅仅看作协调、节奏、和谐等形式因素的组合。人类任何的社会实践活动，包括精神层面和物质层面，都是具体而鲜活的，所以，要想在具体的实践活动中体现美，那只有做到对真的追求和对善的理解。

（二）体育美的感染性

所谓感染性，指的是体育美具有一种能诉诸人的情感而产生感染力的特征。美的感染性是由美的形象所引发的。因为形象是唤起人的情感体验的一个必要前提和基础。美不是直接诉诸人的理智，而是诉诸人的感官而引发人的情感。这就

---

[1] 黄向阳. 概率大家谈：抽象概念的祛魅和可操作化 [J]. 中国统计. 2021（11）：37-40.

是我们常说的以情动人。只要是美的事物，就能激发人的情感，使人们在精神上得到很大的愉悦和满足。奥运赛场上，当运动员奋勇拼搏用完美的表现夺得金牌的时候，体育的美就激起了人们心灵的震撼，使人们感到无比的自豪，产生一种勃勃向上的情绪。这是因为，只有当一件事物反映了人的本质力量，能够使人联想起生活的时候，才能引起人们爱慕喜悦之情，才具有感染性。体育美正是这样。体育美具有感染性，表面看似单纯由形式所引发的，实际上主要是由其内容引起的，是由于其内容中显示出人的本质力量。体育是以人自身为对象，是人的本质力量在自身的复现[①]。因此，体育就像一面镜子，使人们看到了人类自身自由创造的智慧和才能，产生了丰富的情感体验。

感染性是体育美的生命和灵魂。教师应该把每个学生都看作活生生的人，尊重、爱护、帮助他们，用真情实感去感染他们，用温柔的情感抚摸他们的心灵，这样就可以使学生具有很强的学习动机，获得极佳的教育教学效果。体育教师与学生的这种情感交流是在潜移默化中完成的，其中教师处于主导地位，他的行为、态度都影响着师生间的情感交流。体育教学中，教师和蔼亲切、举止大方、精力充沛、语言幽默、示范自信，这些都会促进师生间的情感交流。但是，如果教师语言冷淡、表情僵硬、精神萎靡，这样就会阻碍教师和学生之间的情感沟通，学生很容易失去对课堂的兴趣或对教师产生不满情绪，进而影响学生学习的兴趣。

（三）体育美的愉悦性

所谓愉悦性，就是无论是在体育课堂或是业余体育运动中人们自始至终都融入他们所共创的欢乐、喜悦、和谐的情感氛围之中，并从中受到潜移默化的教育作用的特性。这种愉悦性是由体育运动本身的娱乐性和趣味性所决定的。正如车尔尼雪夫斯基所形容的那样："美的事物给人的真切感觉，是类似我们当着亲爱的人面前时，洋溢于我们心中的那份喜悦。我们无私地爱美，我们欣赏它，喜欢它，如同喜欢我们亲爱的人一样。"

一切情感态度的发生，都是主体对客体对象情感体验的结果，这就取决于客体对象是否具有美的价值属性和审美主体的审美理想、审美趣味的高低。可见，并非所有具体可感的形象都是美的，艺术创作中的情感表现并非在任何时间序列

---

① 王卫新. 辩证法中"抽象"概念的拓展与歧解——以伊里因科夫、索恩-雷特尔和阿瑟为例[D]. 南京：南京大学，2021.

和空间范围内都能引起主体的情感共鸣，只有那些从内容到形式充分显示人的本质力量，从客体对象的感性形象上观照自身，才能引起情感共鸣。

可见主体的理想、观念、趣味乃至心境情绪都制约着他对客体对象的审美感受。体育美的愉悦性是对体育运动本质和体育内涵的全面理解。体育教学除了要注重锻炼学生身体，使学生掌握基本的体育知识、技术、技能，促进学生的健康外，更应该注重在整个教育教学中，使学生得到体育美的感染，在体育活动中感到愉快等。所以，教师在课堂中，应有意识地运用各种教学手段，把学生的学习状态调整到最佳，一直保持愉悦的心情，只有学生身心都被调动到最佳状态，学生的感知与领悟等能力才能得到充分的发挥，这时学生会产生强烈的学习动机，把苦学变为乐学，这样就能最大程度地发挥学生学习的主动性与积极性，真正做到寓教于乐，寓理于情，以情导教[①]。

（四）体育美的自由创造性

自由创造性也是体育美的特征之一。体育中的任何自由的创造都具有美学特征。"美的永恒价值不在于理性的、社会的积淀，而在于美作为一个开放而具有无限可能性的、永远指向生命本身的、活的有机体，能够不断地唤醒在理性法则、社会规范之中沉睡的感性个体生命，为人的自由开辟通向未来的道路。"

体育美的本质是人的本质力量在自身的对象化，是人的本质力量在体育运动实践中的感性显现，是体育运动实践的产物，而不是主观精神的外射。因此，体育美符合当时的社会历史和体育运动实践发展的需要，它的存在具有合理性，因而体育美总是与社会进步、与体育运动的发展相联系，与社会发展规律相一致的。它反映了一种积极的、进步的、肯定的趋势。

苏霍姆林斯基说："没有一条富有诗意的情感和审美的清泉，就不能有学生全面的智力发展。学生思维的天性本身要求富有诗意的创造性。美与活生生的思维如同太阳和花儿一样，有机地联系在一起。富有诗意的创造开始于美的幻想唤醒创造性思维，以独特的体验充实着语言。"

正是在这种自由创造的美的意境中，使得学生感受到主体与客体之间的融洽与和谐，在整个教育中，使学生摆脱一切压抑和限制，感受到自由，从而使学生

---

① 严昆. 指向科学抽象概念应用的项目化学习研究[J]. 中小学班主任. 2021（10）：29-30.

在课堂中，把自己掌握真与实现善的本质力量，在体育活动中通过具体可感的身体动作表现出来，这样体育审美教育就具有了合规律性与合目的性相统一的自由创造性，这样的体育也具有了审美教育的价值。

四、体育美是内容与形式的统一

内容与形式是相互依存的一对哲学范畴。所谓内容，是构成事物内在要素的总和，包括一定事物所具有的特殊的内在矛盾，以及由这一矛盾所规定的事物的种种属性和运动发展过程；所谓形式，指事物内容诸要素的结构方式与表现形态。黑格尔说："内容非他，即形式之转化为内容；形式非他，即内容之转化为形式。"这一论断正确而深刻地揭示了内容与形式互为依托、互相转化的辩证关系。

黑格尔认为美的事物作为具体可感的形象，必须有美的内容，然而，仅仅具有美的内容还不能构成审美对象，还需要具有外在的即内容借以现出意蕴和特征的形式。内容之为内容即由于它包括有成熟的形式在内，如果抽出某物的一切规定、一切形式，那么，剩下的就是无规定的物质。美的内容与形式是相互依存、不能割裂的。可见，美的事物固然不能没有内容，但也离不开形式，只有通过一定的感性形式，将内在的意蕴显示出来，才能给人以审美感受。正像现实主义大师福楼拜所说："我相信形式和内容是两种细致的东西，两种实体活在一起，永远谁也离不开谁。"

体育美与其他美在内容与形式的关系上基本相同，也可以分为美的内容和美的形式。正如著名批评家别林斯基所说："当形式是内容的表现时，形式与内容之间是联系得那么密切，以致如果使形式脱离内容，就意味着内容本身的消失。反之，如果使内容脱离形式，也就意味着形式的消失。"[①]

可以看出，内容是决定事物性质的基础方面，形式是为内容所要求的存在方式，因而内容决定形式，形式为内容服务；同时，形式又反作用于内容，形式的优劣影响以至制约着内容的表达。体育美是可以用感官直接感知的，这是由于体育美具有客观形象性，而体育美正是由于反映了人类社会的力量和智慧，所以，体育美才是耐人寻味的。体育美，总是内容和形式的独特统一体。体育美的内容不是通过逻辑化、抽象的理论或原则表现出来的，而是生动、可感的具体形象，

---

① 赵崇乐. 体育审美教育论[M]. 沈阳：万卷出版公司，2019：50.

而且它一定是与真、善统一的。体育美的内容和体育美的形式是内在统一的，他们相互影响、相互联系。如果只有体育的内容美，而没有相应的形式去反映，那么体育的内容就会变得枯燥无味，甚至引起学生的反感而变得无意义；同样，如果离开体育的内容美，去片面追求体育形式上的美，也会使体育过程失去教育的意义。这正是美学家李泽厚所说的"有意味的形式"。

五、体育美是内在与外在的统一

黑格尔曾经说："美的要素可以分为内在的内容和外在的，即内容所借以表现出意蕴和特性的东西。"体育美也存在内在与外在的区别。内在的体育美主要是针对体育目的和教育内容。一般体育的目的和内容都是由社会所规定，是当时社会发展的反映和要求，既有"真"的要求，也有"善"的期待；既有规律性，也有目的性。因此，符合社会实际需要的体育目的和内容具有美。而教育方法、途径、手段、课堂氛围等方面的美属于内在的体育美。美学家叶秀山认为："美具有客观性，是世界本身具有的，不是人赠予世界的，因此，美就是将隐藏在世界之中的'意义'呈现出来。"

人将这种"意义"显现出来就是美和审美。他把这种"意义"的显现称作"开放性"，这可以说是一种对美和审美的全新诠释。用叶秀山的美学观念来看体育，体育也是一种"意义"的显现，意义越深刻、多样，体育美就越丰富。体育审美教育不能仅仅追求外在美的形式，应该打破封闭的传统教育的"意义"。应该挖掘体育内在的美和本质的美。在体育审美教育中，教师和学生应该相互影响，相互关怀，使体育过程中充满人情之美、人性之美、人格之美，这也是内在的体育美，其中还应该包括教育教学的语言美、示范美等。"体育美的最高境界即体育本身的美，即体育本身为愉悦、自由、和谐、平等价值性所充盈的境界。"

外在的体育美是内在体育美的体现，而体育的内在美是体育美的根本，内在的体育美与外在的体育美是统一的。

第四节 体育审美教育观实践方略

体育审美教育观并不是一个空洞的、模糊的概念,而应有一系列的具体、可行的实践方略,并且不是散乱的、互不联系的,而应构成一个系统完整的策略体系。这样才能保障体育审美教育观的有效实施。

一、加强体育教师的审美修养

教师是人类的灵魂工程师,是通过文化知识技能的传播和自身道德行为的影响,去培育一代新人的崇高职业。

在体育审美教育的过程中,体育教师是关键的能动的因素。无论是体育审美场的形成与升级,还是体育教学内容的真、善向美的转换与生成,体育教师在其中都起着至关重要的作用。体育审美教育的过程只有在体育教师的创造性的引导、指挥、协调下,才能进入审美接受和审美创造的自由境界。如何按照美的规律来塑造教师自身的人格形象、培养教师的高尚情操、提高教师的审美能力,便直接关系到整个体育审美教育观的实施及其效应。正如马克思所说:"如果你想得到艺术的享受,那你就必须是一个有艺术修养的人;如果你想感化别人,那你就必须是一个实际上能鼓舞和推动别人的人。"

由此可见,只有具备一定审美修养的人,他才能够感受审美对象,获得审美享受,并在享受中塑造自己的心灵,而成为一个可以鼓舞和推动别人前进的人。高尔基说:"照天性来说,人都是艺术家,他无论在什么地方,总是希望把美带到他们的生活中去。"

审美的素质是每个人都潜在具有的。挪威音乐学家布约克沃尔德认为:"人类的每一成员都与生俱来地有一种伟大的创造性力量,有着本能的缪斯。本能的缪斯是人类生存和人类自我意识的基本源头。"本能的缪斯就是指本能地对艺术、对美的兴趣。这种本能的审美动机与能力是一种审美潜能。而一个人的审美素质对于美的创造有着不可替代的作用。教育研究结果也表明:教育者必须具备一种对美的精细的感觉。你必须热爱美、创造美和维护美(包括自然界的美和你的学生的内心美）。因此，体育教师都应该有意识地提升自己的审美素质。

一个缺乏审美修养和审美能力的人，是不容易进入审美体验状态的，也很难对事物产生美感。审美修养和审美能力是主体进入审美活动的先决条件。有了较高的审美能力，教师在教学活动中就可以对对象具有敏锐的感知力，能够从知识、从各种信息中迅速捕捉到美的形式、美的因素，并对其形式、结构中所蕴含的生命性意味具有较高的审美领悟能力。教师有了较高的审美修养和审美能力，就可以使自己迅速进入审美状态，这也会对学生这一审美主体产生激发作用，唤起学生的审美意识。

（一）体育教师审美修养的一般要求

"修养"是一个运用得相当广泛的概念，通常指个人的心理和行为的自我锻炼、培养和陶冶，以及经过不断努力所取得的能力和品质。

修养历来是我国一个优良传统。先秦诸子大都讲修养，增长知识、锻炼才干、提高道德品质，也都经过修养一途。孔子作为一个思想家，除强调教育外，也强调修养。他一再讲"修己""修己以敬""修己以安人""修己以安百姓"，都在强调自我修养，同时也提出如何进行自我修养："己所不欲，勿施于人""过则勿惮改""里仁为美""求诸己""有恒""逝者如斯夫，不舍昼夜"等等[1]。这里大多讲的是学问、道德的修养。墨子提出"修身"，重视躬行实践，提倡"以身戴行""口言之，身必行之""得一善言，附于其身"。孟子进而提出"养心"："善养吾浩然之气""养心莫善于寡欲""动心忍性""专心致志"。孟子讲的"养心"多在心性的培养、锻炼，多属于道德、学问，但也涉及审美，如"充实之谓美"，把内心的充实（美）看作人格达到最高境界的一个阶段。荀子也多是论述道德、学问的修养的，如《劝学》《修身》等篇，但也涉及审美修养，"以美其身""不全不粹之不足以为美"。特别是他提出"无伪则性不能自美"，强调必须经过人为（"伪"）的学习修养，改变性情，才能达到人性的"自美"。他的"化性起伪"说，讲的就是审美修养[2]。先秦儒家学派如孔子、孟子、荀子，都主张美服从善（有时指外在礼仪规范，有时指内在善性即道德品质），所以他们讲的审美修养也是道德修

---

[1] 孔令奇，祖丽胡玛尔·吐尼亚孜，李红. 普通高校本科生思想道德修养评价机制研究[J]. 吉林省教育学院学报. 2022, 38（1）: 14-18.
[2] 吉喆，刘新华. 立德树人视域下师范生师德修养的价值意蕴[J]. 教育理论与实践. 2021, 41（34）: 41-47.

养，还谈不上具有特定含义的审美修养。

今天，从审美教育学的观点来看，审美修养主要不是指美学理论知识的修养，而主要是指个体按照一定时代、社会的审美理想自觉进行审美心理的锻炼、陶冶、塑造、培育、提高的行为活动，以及通过这些行为活动所形成或所达到的审美能力和审美境界。

根据这一看法，可以看到，审美修养包括不可分割的两个内容：一个是审美修养的活动、过程，一个是审美修养的效应、成果，这两个因素、内容交织在一起，互为条件，互为因果，相互渗透，相互影响。前者着重在动态描述，后者着重在静态表述，动态与静态的区别也是相对的。审美修养既包括动态的过程，又包括静态的成果。作为动态的过程，审美修养是个体的审美教育形式。从对象上看，审美修养主要面向的是单独的个体，而不是整个社会，也就是说，审美修养以单独的个体行为实施对象，它致力于个体审美素质的提高，是个体审美心理结构的自我塑造、自我完善。从目的上来看，审美修养的任务是提高个体的审美素质，是塑造个体完美的审美心理结构。由此决定了在方法上，审美修养必须根据个体自身的审美需要和自我的条件，采取特殊的手段进行。总之，审美修养具有个体性，是一种自我个体的教育形式。

（二）教师的审美情趣有利于对非审美形态的教学内容进行审美再创造

人们经常谈起的一条教育规律是"寓教于乐"。"寓教于乐"最早是古罗马文艺批评家贺拉斯提出来的，他认为文艺作品应该既劝谕读者，又使他喜爱。其用意是强调文艺作品不仅要有高度的真实性和进步的倾向性，而且要有完美的艺术性，其认识作用和教育作用应该通过审美娱乐作用来实现，而不能变成知识和思想的"单纯的传声筒"。用在教学上，"寓教于乐"的首要含义就是指教师对教学内容赋予美的形态，使学生在求美中学到知识，受到教益，这正是指教师对非美态的教学内容的审美再创造。

非美态的体育内容不等于不美的教育内容。教育内容从审美的观点看必然既是真的、善的，又是具有美的潜能的，因为经过选择写进教材的内容是人类创造的优秀的运动形式，而自由创造及其优秀成果从本质上说也就是美的。这正如斯托洛维奇所说的："创造作为人的优秀能力的表现，作为制造世界中新的、前所未有的东西的力量，证明人的强大和它的无限可能性，从而产生最高的享受。从审美观点看、创造——这是自行生长的美。"

著名科学家彭加勒也说过:"与其说是为了人类美好的未来,倒不如说,或许是为了理解,为了理性美本身,科学家才献身于漫长而艰苦的劳动。"非美态的体育内容其实是一种美态未显的理性美。这种理性美由于缺乏鲜明的感性形式,不能用感官感受,所以需要较高审美能力才能把握。这就需要具有较高审美素养的教师,把握美的形态,使其美的内质凸显出来,放射出美的光芒,使学生容易欣赏和接受。一位教师在讲授低单杠动作"单脚蹬地翻上成支撑"时,将完整要领编成上口、易懂、易记的顺口溜,"蹬地摆腿后上行,倒引上体靠腹轻,翻至杠平并制腿,翻腕抬体直臂撑",并进行逐字逐句地讲解、示范,学生在朗朗上口的口诀中学习、掌握了动作。这就是教师的审美趣味发生了作用。

二、挖掘体育内容的审美因素

在体育的过程中,无论是基本的走、跑、跳、投,还是激烈的体育竞赛,亦或是寓教于乐的游戏活动,都存在大量美的因素。著名雕塑家罗丹说:"美到处都有,对于我们的眼睛,不是缺少美,而是缺少发现。"体育教师应该以审美的眼光,看待教材中的内容,发现其中的美,欣赏其中的美,体味其中的美,然后再到课堂中引导学生,欣赏和分享这种美。体育课并不枯燥,而是有些教师把它上枯燥了。如果只是丰富多彩的体育以符号和知识点或是分解的单一动作灌输给学生,那当然是枯燥无味,无美可言了,我们应该把丰富多彩的体育还给学生,让他们自由地遨游在美的教育内容当中。

(一)教育内容的美直接、深刻地影响着学生

学生直观、深刻地受到体育内容中富含的丰富的美的影响,教师应该充分认识到这一点。对这一点视而不见,就会造成学生逐渐地对体育课堂失去兴趣,甚至远离、讨厌体育课,在上体育课的时候也会敷衍了事,根本不会全身心地投入,这样的教育就失去了意义。所以,阿·瓦·卢那察尔斯基曾说:"不震荡、不牵动神经系统,甚至不能进行简单的宣传……不做到这一点,尤其不能进行教育。所以,要用教材的情感色彩去激励情感的亢奋,要用激情去诱发学生思想的变化,才能赋予领悟这一或那一外部影响的任何过程以富有教益的性质。""不应该把审

美内容看成是教学过程附加的某种因素，或对理论材料的补充。对待科学对象的审美态度具有重要的方法论意义。它有助于综合一些零乱分散的现象、特征、性质和迹象，捕捉它们之间和谐的联系，看到物体生动的完整性。"

体育教师应该经常思考如何利用体育美把学生吸引到他所讲授的内容中，引起他们的兴趣。正如英国美育家雷德芬所说："如果哪位教师确实对美育感兴趣，就不要再用手支着头，入神地听某些人信口开河地大谈特谈什么艺术和创造性，而应该收敛思想，具体地考虑一下怎样在自己所教的科目和普通教育的其他科目中对学生进行美育。"

要想审美地把握教育内容，就需要根据实际的教育内容，把教育内容艺术化地展现出来，而且，要把教育教学中美的知识信息充分挖掘出来，使教育教学的内容成为审美对象。在体育教学中，教师将体育知识、技术与技能转变为审美对象，这会使课堂变成"美丽的花园"，使学生在学习体育知识、技术与技能的同时接受美的熏陶，促进其身心得到自由的发展。体育教学内容除了外部直观的美以外，还存在着一种内在的美。如果教师抓住这部分的美对学生进行引导，将达到极佳的教学效果。所以，不应该忽视教学内容美的因素的挖掘，只有将体育的内容纳入美的范畴，使学生进入一种轻松活泼，生动愉悦，和谐与自由创造的学习情境中，同时使学生的思维融入整个教育教学的过程，才能激发学生探求新知的兴趣。学生通过这种美的教育教学内容的熏陶，就会逐渐形成对美的感受能力，从而对生活中各种美的事物和现象感到震惊、感叹、欣赏、热爱和倾慕，久而久之就会对事物产生探求、向往、追求的意愿和激情。

（二）体育教师对教学材料的审美理解直接影响学生的学习

体育教师对体育的审美理解程度，会直接或者间接地影响到学生对体育的学习效果和对体育美的理解。美学家阿里宁娜说："人类社会生活与自然界的生存是一个不可分割的统一体，数学、自然科学教师的根本立场应该归到这种理解上来。如果他本人对他邀请学生进来观赏的那个领域的五彩缤纷和奇伟壮丽惊叹不已、激动不已，那么，他自身的审美态度将是重要的教育因素。"

同样，体育教师热爱体育，并能对体育教学作出正确的审美性的理解，这样的教师教起课来，学生必定会喜欢。教师对教学内容的审美把握是十分重要的。

否则体育教师就不会爱体育教学，就感受不到体育的美，就好像文学家所描绘的那样："叫他们去鼓舞起学生求知的兴趣，真是等于找个失恋的人去向年轻人说出恋爱的福音，那的确是再滑稽也没有的事。"

例如，在某学校的一节公开课上，一位体育教师上小学三年级的投掷课，教学内容是学投小垒球。老师将投小垒球的动作分解成"前举球、向后拉臂、向前掷球"三个分解动作，在用"1、2、3"的口令让学生反复练习几遍以后还让学生在墙前体会向后拉臂的动作（让学生的手臂碰到墙）。在这样的学习过程中，孩子虽然学得很认真，但课前的活泼与兴奋已经荡然无存了，投掷动作也显得别别扭扭，很不自然。

（三）教师尽可能审美化地组织教学内容

要使体育臻于美的境界的重要策略之一，就是教师对教学内容进行艺术化组织处理。思想家歌德曾经说过："古人的最高原则是意蕴，而成功的艺术处理的最高成就是美。"而美学家鲍桑葵也说："这就是说，当有意蕴的内容得到适当处理，而不是一种有意识的和抽象的目的的时候，美就会到来。"

教师对教学内容的审美化组织的有效技术主要有：首先，提要与精练，使教学内容体现简洁美、表述美。其次，系统化、结构化、网络化，使教学内容体现形式美、和谐美。再次，形象化，使教学内容生动直观，充分体现视觉审美效应。最后，归纳与概括，揭示内在联系，使教学内容体现规律美。

作为体育教师，就要善于发现、组织、安排体育教学中的美的因素，例如，身体美与动作美、技术美与战术美等等。

法国美学家罗丹说："雕塑的作品虽然只是一块石头，但是由于艺术家灌注了流动的生命，却可以具有蓬勃的生气和颤动的柔软，在他们塑造的形象上，飘荡着一种沉醉的神往。"

而要想实现教学组织的审美化，找到教材内容中的审美点至关重要，并将审美点作为体育审美教育重要的切入点。体育内容的审美点有两种形式。第一，是外显式。这类教育内容的特点是教育内容与审美点完全或者是部分重合。这样就很容易找到审美点。例如，舞蹈，艺术体操等，本身就是学生的审美对象。第二，是内隐式。这类的教育内容的特点就是审美点隐藏在教育内容的背后，属于"理性的美感"[①]。只有通过教师的钻研,在准确把握教材内容的基础上,才能提取出审美点。在体育中,教师如果可以努力钻研,认真理解教育内容,就会发现在教育内容中存在大量内在的美,如果将这些教育内容的美组合优化,就会形成教育自身的情感性,使得教学活动精彩纷呈,教者乐教,学者乐学。在某中学高一年级的体育课上,教学内容是武术中的刀术,教学的重点是"扎刀发力",难点是"力达刀尖"。学生拿到刀以后就变得异常兴奋,纷纷跃跃欲试地"耍"起来。而教师在集中队伍后并没有直接进入技术动作的教学,而是简单介绍了中国传统武术及刀法的历史,简单的介绍将学生带到中国传统武术的历史长河之中,这就包含着逻辑之美、创造之美。然后让学生自己体会,在教学过程中,教师抓住了学生的兴趣点和兴奋点及时引导学生进行讨论,学生根据自身的体验不断探索总结,最终通过大家共同努力能够比较准确地说出动作要领。这样学习到的动作在以后运用起来就会记忆深刻难忘。"学生得到的不仅是对动作的理解、运用,而是探索精神的培养、人类文明进程的初步体验,所有这些正是由'美'黏合起来,浑然一体的,一步步显现出教学的美感性。"

三、提升学生学习的审美化

体育审美教育既包括教师的教又包括学生的学。学生的学习活动,是一种脑力与体力综合的重要活动,也体现着美。这是由学习的本质决定的。首先,学生的学习不是随意的、盲目的,而是受一定动机和目的支配的。其次,学生的学习活动不是将教材的知识原封不动地移入大脑储存、保管,而是需要发挥人类的聪明才智,在知识的海洋中加以选择,然后经过积极的思维活动进行整合、内化、充实并更新自己的知识系统。这一复杂的过程需要人的主观能动性和身心投入。再次,学生对体育的认识由"不知"到"知",从知之不多到知之较多,由掌握得不熟练到熟练,并通过一定的成果形式呈现出来,这些成果从本质上来说,是学习者本质力量的显现,所以,学生的学习活动和人类的生产劳动一样,也是人的本质力量得以表达、确证的过程。同时,学生在学习的过程中享有自主选择的自由,在相当程度上可以自由地学习、探索、创造,从而获得精神和身体上的满

---

① 索颖,李嵘,石书玮. 学校体育教育优化对策研究[J]. 青少年体育. 2020(1):104-105.

足和成功的喜悦，可以说，学生的学习活动也是一种美的创造过程。

对于学习活动的审美，古来有之。早在两千多年以前，孔子就说："知之者不如好之者，好之者不如乐之者。"北宋教育家程颐曾描述过古代学生的学习："古人八岁入小学，十五岁入大学，有文采以养其目，声音以养其耳，威仪以养其四体，歌舞以养其血，义理以养其心。"字里行间充满着美的意蕴[①]。明代王守仁极力主张学生彻底摒弃学习中的"厌苦之学"，享受其中的"自得之美"，提倡教师"顺情导性"，使学生"趋向鼓舞，中心喜悦"。近代倡导美化教育的蔡元培先生对此深有体会地说："我们……读了一首诗，一篇文章之后，常会有一种说不来的感觉：四周的空气变得更温柔，眼前的对象会变得更甜蜜，似乎觉得自身在这个世界上，有一种伟大的使命。"

当我们完成一个优美的动作，进行了一场激烈的比赛何尝不也是这样，这实际上就是一种美感的作用。

体育教学中学习美的内容十分丰富，它体现在学习活动的各个方面，具体包括：学习目的的审美化，学习对象的审美化，学习过程的审美化，学习成果的审美化。这些美的因素在具体可感的学习活动中相互渗透，相互作用，形成有机的统一。

（一）学习目的的审美化

人类的一切活动都是有意识有目的的。恩格斯指出："在社会历史领域内进行活动的，全是具有意识的、经过思虑或凭激情行动的、追求某种目的的人；任何事情的发生不是没有自觉的意图，没有预期的目的的。"

人类的学习作为人类主要的活动方式之一，更有明确的意识和目的。学习的目的性，既是人类学习活动的基本原则之一，又是人类学习区别于动物学习的主要特征。恩格斯说："一切动物的一切有计划的行动，都不能在自然界打下他们的意志的印记。这一点只有人能做到。"

动物从出生开始也要学习各种身体活动和运动，比如跑、跳、游戏等等，但这并不是在目的和意识作用下进行的，而是在本能的驱使下适应外界环境和现实生活方式。而人在进行体育学习的时候，自始至终是受一定目的支配的，有预期

[①] 钟丽萍，范成文. 体育教育专业学生核心素养培育的理论与实践探索[J]. 体育科技. 2019, 40（6）：138-139, 141.

的方向和目标，不是随心所欲、漫无边际的活动。

正因为如此，所以人能够在错综复杂、广袤无边的知识丛林中信步漫游，任意取舍，表现高度的能动性和鲜明的取向，显示出一种自由自在地驾驭自然的气概。在学习的过程中，学生的自由创造的特性可以得到充分发挥，体现了人类本质力量对象化。从这个意义上理解，我们可以发现学习目的其实蕴含了丰富的审美内容[①]。

体育学习目的在不同程度上还包含真和善的内容，例如人体生理、解剖学的知识和社会规范的学习等。因为体育的学习不仅仅是为了生存和身体的健壮，更重要的是为了认识世界、改造世界，使学生得到全面的发展。在体育学习的目的中，也反映了真和善，体现了社会发展的客观规律和社会进步的要求，显示出深刻的审美意义。

（二）学习过程的审美化

学生的体育学习过程是在掌握、继承前人积累的知识、技术、技能的前提下，通过教师的引导，发挥自身的创造力，用科学的方法和创新的精神探索体育文化的过程。而要促使学生学习过程审美化，就要培养学生的创造力，使学生充分发挥他们自由的创造性，这是学习过程审美化的根本。不可否认，学生学习的体育知识、技术、技能等是人类智慧的结晶，并非他们首创，但由机械模仿到自然娴熟，就是一个创造美的过程，其中就凝结了学生的创造性。

首先，人类的知识体系犹如大海一样广阔，学生要建立自己的稳固的知识体系，就必须对前人的知识进行分类、筛选和重组，这样的过程都是学生根据自己的兴趣、爱好进行选择的，可以说整个过程都是学生创造性的体现；其次，学生学习一项运动项目，不仅要了解这个项目的现实意义，还要探求这个运动项目产生、发明的背景，寻求它的归宿，探求前人发明、改造和发展这一运动项目的途径和方法，这种学习是学生创造性思维活动作用的结果。再次，学生在学习的过程中，会遇到许多问题，而问题的发现和解决虽然也依靠老师的启发和引导，但主要还是依靠学生创造性的运用学习掌握的知识体系，没有学生主动的创造性思维的参与，学习过程必将陷入困境。创造性是学生机智的体现，也是学习过程审

---

① 于素梅. 中国学生体育学科核心素养框架体系建构[J]. 体育学刊. 2017, 24（4）：5-9.

美化的实质。

节奏感是构成学习过程审美化的另一个重要因素。学生的学习是一种动态的过程，它通过动与静、张与弛的对比与交替，形成强烈的节奏感，为学习过程增添了美的韵律；动就是指学习过程的相对活动的状态。比如，积极练习、激烈竞赛、欢笑游戏等；静则指学生学习过程的相对安静，例如，认真看老师的示范动作和思考老师的讲解等。符合审美要求的学习节奏是动与静的轮番出现，相互交替，互为陪衬，方能避免单调，引人入胜。张弛时指学习过程的紧张、急促和轻松、舒放，一味地张或弛都有损于学习的完美，张弛相间，则能突出学习过程的跌宕起伏，符合学生身心的发展要求。

（三）学习成果的审美化

当学生的学习成果展现在自己面前的时候，这时的审美感受是最强烈、最愉悦的。学生对于学习成果带来的审美感受最深刻，当成功地完成了一个技术动作，透彻地掌握了一项运动技能，或自己解决了某运动项目的技术难题，都会产生一种非常强烈的兴奋和骄傲，这就是学习成果带给主体的美感体验。学生的这种学习成果为何会产生美感呢？黑格尔曾经借助一个生动的比喻解释过这种现象："例如一个小男孩把石头抛在河水里，以惊奇的神色去看水中所现的圆圈，觉得这是一个作品，在这个作品中他看出了他自己活动的结果。"水中的所见的"圆圈"即小孩本质力量的对象化[①]。小孩之所以惊奇，就因为他在他所创造的"圆圈"中"直观"了他自己的本质力量，看到他的理想变成现实，看到自身潜能的外化，产生无比喜悦和快慰。学生学习成果之所以产生美感，缘由在于此。当然，并非所有的学习成果都能给人以美感，只有合乎规律和目的的学习成果，即体现真和善，符合运动和教育规律，促进人发展的学习成果才能产生美感。反之，则毫无审美价值可言。

要想促进学生学习的审美化，需要创设愉快的学习气氛，提倡乐学精神。学生正值青春年华，朝气蓬勃，天真烂漫。他们追求快乐、喜欢体育，希望在运动场上自由自在地奔跑、跳跃。所以，教师应努力调动学生的情绪，使学生得到引导，发挥自身的创造力，用科学的方法和创新的精神探索体育文化的过程。

[①] 胡伟. 我国高等院校体育教育专业课程设置趋向与优化探析[J]. 山东体育学院学报. 2012, 28（3）: 112-118

四、促进体育过程艺术化

教育家苏霍姆林斯基曾指出："教育和教学过程有三个步骤：科学、技巧和艺术。"要获得优秀的教育效果，达到全面育人的教育目的，就必须在追求教育的科学性的基础上，还要讲究教育的艺术性。那么，什么是教育艺术呢？

丰富的知识素养，特别是教师掌握知识的广度、深度和系统性，即教师的知识结构，是教育艺术赖以生存的根基和前提。体育教师不仅要掌握体育知识，还需要掌握运动人体科学、生理、生化、解剖学知识，哲学、美学、历史、文学等人文社会科学也是必要的。教学方法是教育艺术的骨骼脉络。实施教学离不开一定的方法体系。灵感和热情是一切艺术的灵魂。古今中外的教育家都强调要使教学成为一件令人愉快的事情。而愉悦的目的在于激发学生兴趣，使学生好学乐学，喜欢并尽快接受所学知识。因此，成功的教育缺少不了情感。教学风格是教育艺术的个性化表现，是教育艺术与教师个性特征的有机结合，是教育艺术走向成熟的标志。教育艺术就是那种富有感情性、形象性和创造性的教育，它的含义应该是指教师在教学活动中，遵循教育规律，以自己独特的方式方法，创造性地组织教学，将知识与审美融合起来，使学生在愉悦中能高效率进行学习的精湛的教育技能技巧。它是教师学识和智慧的结晶，是教师创造性地运用教学方式、方法的升华。

体育课是一门以技艺性为主，科学性、人文性、情意性兼备的课程，它的教学过程遵循教育学的一般原理，而它又是一门技艺性为主的课程，因此它的教育艺术又与其他学科有所不同。将系统科学的基本原理与体育课程的这些特点相结合，从体育课教学的普遍意义上把握它的教学规律，可以广泛地运用到不同年龄、不同层次、不同地域、不同项目的体育教学中。

所以，教育艺术的创造在于，体育教师懂得在教学过程中激发学生的情感，体现运动项目的美学特征，并运用某些美学规律，把握教学实际，使体育课堂教学形成一种感情和艺术气氛，创造出最佳学习效果，并且始终保持积极、主动、愉快的心情，在审美享受中接受知识，并且从体育教师的教学艺术中受到潜移默化的艺术感染和熏陶。当教师更多地懂得了美的素质怎样进入人的生活，当他们能够有意识地来完善、扩展这种美的体验的方法时，他们也就踏上了教学艺术之路。

美国教育家哈里·道认为教师是一种具有特殊才能的人，具有艺术表演天赋的教师才是真正的教师。"学生们为一位真正的教师所吸引，所折服，以至追随他，就像观众对一位天才的歌唱家或演员所表现的那样。"[①]

捷克教育家夸美纽斯称教学是"把一切事物教给一切人类的艺术""教育人是艺术中的艺术"。

"美的教育学"的创始人韦伯还强调："教育家者，亦即艺术家也。质而言之，即教育上之艺术家也。"要把握教育的艺术，就要在教学中体现驭律、整体与和谐，简单与深刻，个性与创造性等方面。

（一）驭律

体育与人们常说的艺术，如小说、诗歌、绘画、建筑和电影等有所不同。它之所以成为艺术，首先因为它是科学，它的美学价值主要是对人体运动规律和教育规律的驾驭。两千多年前的孟子就说过"教亦多术矣"，术就是讲究方法，对任何一件事物客观规律高度熟练地驾驭，都能给人以美感。经济学家，对经济规律了然于胸，驾驭自如。当他运筹帷幄，决胜千里的时候，他会得到愉快的精神享受。人们经常提到指挥艺术、谈话艺术、交际艺术等，都是对驭律的审美评价。体育教师要想提高体育的艺术性，就必须懂得如何把握体育教学的规律。教师在上课之前首先要了解到学生的一些基本情况，例如，对体育的兴趣、学习的基础、接收能力、身体的基本素质等，这些都可以帮助教师更好地进行教育教学。其次，教师应该反复研究教学内容和教学大纲，吃透重难点，根据学生的特点，计划相应的教学方法、手段和思路。再次，具体思考教学中的每一个步骤，如何示范、如何讲解，最终使课堂教学既生动活泼，又紧凑严密，还要选用有效的学习方法去发展学生的能力和个性。由于体育教学内容本身具有很高的艺术成分，因此，体育活动比其他活动的艺术价值更高。教育是艺术，是涉及人的情感的活动。在教育过程中会有许多难以预料的突发情况。但它必然有一定的规律，偶然反映了必然。所以，对规律的驾驭是十分有必要的。

（二）整体与和谐

审美，就是从整体上把握现实。教师和艺术家一样，总是从整体上观察分析

---

① 姚文. 体育教学的基础之一体育教育心理学[J]. 内江科技. 2019, 40（11）：76, 65.

对象、从整体出发分析部分，从部分认识整体。夸美纽斯认为，要把艺术与科学当作一种百科全书式的整体去教，不能零星地去对付。如果不这样，知识在学生眼里就会变成一堆木头或火柴，很不容易看出其中的确切关系和连锁理由。对某一个教材的教学结束后，要使学生对该教材有一个全面的了解，又要掌握使用这个教材进行锻炼的方法。在教学的过程中使学生对该教材的学科结构有所了解，学科结构即学科概念，它包括很多方面的内容。无论是田径项目、球类项目还是武术项目的教学，要使学生对该项目的起源、发展、当前世界开展情况、比赛方法、裁判方法等进行介绍，学生不一定必须掌握，但可以形成一个对该项目的完整认识[1]。通过对一些相关的内容的介绍，可以使学生对该项目产生兴趣，从而有利于进一步教学的开展；另一方面从认知心理学的角度来看，对于某一结构的整体了解越清楚，在掌握其各个环节时就容易得多。对相关知识的了解最终统一到有助于对该项目动作技能以及锻炼方法的掌握上来，也对学生自觉地锻炼起到促进作用，为学生走向终身体育打下良好的基础。这是整体美在体育教学中的潜在体现。

  教师与学生双方构成了教学关系的整体，离开一方教学艺术就不存在。因此，双方必须十分和谐。师生和谐的情感交流，一方面能调动教师授课的积极性，使教师态度耐心和蔼，思维活跃敏捷，把课讲得生动有趣，引人入胜；另一方面也能够调动学生学习的主动性，使他们感到愉快、主动、精神集中而不知疲倦。缺乏和谐的感情交流的课堂，会给师生增加压抑感，使人打不起精神，昏昏欲睡。这种课堂甚至会引起学生的不满和反感情绪，把精力集中在找教师的毛病（如语病、并不规范的示范动作等）上，而对教师的讲授内容，一点也听不进去。在这种师生敌对的情绪中，不管教师的知识基础多么扎实，学生的接收能力多么强，实际上都无济于事。和谐的情感交流是教学审美的重要标志，它是打开师生心智活动之门的一把"金钥匙"。由于体育过程中师生都是全身心地投入，思维比欣赏音乐艺术时更活跃，因而师生间的整体关系与和谐、默契就比一般艺术活动中的演员（创造者）与观众（欣赏者）更突出。

---

[1] 乐晓卉，陈洪魁. 体育锻炼与大学生的心理健康[J]. 科技信息（学术研究）. 2007（30）：233-234.

（三）简单与深刻

高尔基说过，没有什么比简单的自然更纯真更雅致的了。科学家彭家勒不仅认为简单性是美的，而且把简单性与伟大性相提并论。教育艺术体现出的简单，其要素是教育思想的集中、明了和教学方法的简明、自然。教育过程中师生紧紧围绕一个中心，紧凑、集中、明确、要点突出，一切都进行得自然、水到渠成。正如《学论》主张的，应"约而达，微而臧，罕譬而喻"。以尽可能简明扼要的形式，完成复杂的教育任务。例如，在学习新技术动作的过程中，清晰、准确、形象、生动的教学语言，干净利落的示范动作，都能够给学生以简洁和审美享受，使学生在审美愉悦中接受新知识。相反，烦琐、杂乱、冗长、做作，就不能给人以美感。

（四）创造性

教育活动本身就是一种创造性的活动，首先，从教师的备课，到教学的具体实施，从教师的临场发挥、随机应变，到因材施教、全面育人，无一不需要教师的智慧、机敏、想象和创造性思维。其次，教育艺术体现在教师高超、精湛、多样化的教学技能技巧之中，其新颖、独创的成分更多，更具创造性。另外，创造是教育艺术的生命，在创造性教学中，教师高层次的、又有审美价值的整体观念得以产生和升华；在创造性教学中，教师高超、精湛、多样化的教学技能技巧得以锤炼，并与教师的个性有机结合，形成教师独特的教学风格。学生往往从教师的独特教学风格中感受到与众不同的韵律。有的教师探索愉快教学新天地，在课堂上设计许多引人入胜的练习，使学生在愉快的气氛中接受知识；有的讲得棱角分明，高潮迭起；有的教学外柔内刚，讲求的是自然，在不知不觉中达到预期效果[1]。

五、体育教学手段审美化

教学手段是体育不可或缺的组成部分。教学手段及其运用水平的高低决定了体育审美教育实施的程度。美化教学手段是体育审美教育的一部分，得到美化和综合运用的教学手段反过来也可以促进体育审美教育的开展。美国教育专家布罗

---

[1] 徐万彬，王兴臣，王焕波. 对体育教师课堂导入技巧的心理学探析 [J]. 体育成人教育学刊. 2005（4）：79-80.

迪坚定地认为："使用艺术手段来教授其他学科能够使教学内容更加具体，使课堂引人入胜，令人沉醉。"教育实践证明，艺术可以丰富学习过程，提高学生学习的兴趣和动机。美化的教学手段可以帮助教师完成教学活动。

（一）借助艺术手段进行教学

艺术，是审美意识物化了的集中表现，能更强烈地引起人们的美感，作为审美对象而发挥其特有的作用。艺术与体育，在历史的长河中是同源的，进入文明时代后，分为不同的支流，然而，当面对未来的大海，它们又在发展中融会在一起。可以说，艺术与体育的关系十分紧密，在体育的过程中如果大胆地借用技术手段施教的话，那会是引人入胜，创造出意想不到的教育效果。

当代著名教学论学者内·列·阿列宁娜在《教学艺术论》一书所言："教育的实施总是通过具体的教学过程来完成，而教学过程一直运用着艺术的手段。人类像保护生命的圣器一样保护着教学艺术的文化成果。"[①]

体育审美教育本身就是创造美的过程。所以，应该灵活地把艺术创作的规律用到体育的过程中来。音乐、舞蹈、表演等艺术手段是体育教学中经常使用的。他们用于教学的审美功效也得到广泛的认可。音乐手段经常应用于节奏感强的教学环节，例如开始的准备活动或是最后的放松阶段。当人们听音乐时，身体趋向于按照它的节奏活动。在这种简单的放松形式中，人身体放松了，头脑却更为机敏。你不必强令自己的肌肉放松，也不必故意集中注意力，你要做的仅仅是随着音乐活动。而舞蹈用于体育教学可以起到活跃课堂气氛的作用。教学与表演艺术的关系非常密切，二者具有许多相通之处。美国学者杰肯斯曾经把教学比喻成一种"表演"。在教学中最常见的是角色表演。著名作家列夫·托尔斯泰在《艺术论》中这样论述："一个用听觉或视觉接受他人所表达的感情的人，能够体验到那个人所体验过的同样的感情；一个人用自己的动作、声音表达蓬勃的朝气、果敢的精神，或者相反地表达忧伤或平静的心情，这心情都会传达给别人；与此同时，当这个人表达出自己对某些人或事物的喜爱、崇拜、恐惧或尊敬时，其他人也可能产生类似的体验。"

布拉福德·维纳伯说："角色表演提供了一种积极吸引学生并且有望引起意义

[①] 马云多. 我国教学艺术论研究的回顾与展望[J]. 课程. 教材. 教法. 2019, 39（9）：71-78.

理解的一种方法。"学生在表演的过程中得到的直接的体验具有不同的教育效果。江苏省江都区的周加喜老师根据小学生的身心特点，精心设计，运用道具、服装，将学生分为"老鹰""鸡妈妈""小鸡"等不同角色，利用角色表演的形式将传统的"老鹰捉小鸡"游戏改编成三个相关情节的游戏，教学效果显著。

小组成员能根据集体的需要，理解不同的游戏角色，根据个人的实际情况，合理分配角色。从这个案例中，我们不难看出角色表演的游戏中蕴含着丰富的教育性素材，通过各种角色的扮演，学生亲身体验了角色的情感，技术化教学手段的效果明显。

（二）艺术地使用教学手段

为了保证体育审美教育的实施，教师一方面要遵循教育规律使用艺术手段教学，一方面也要懂得艺术地使用教学手段。美国学者卡罗尔·亨利研究指出，"为了发展有意义的教学，教师需要能够把成功教学的一般方法引入审美领域"，"教育者所需要知道的就是美学基本关注的东西，以及如何把它和教学原则相结合"。因此，艺术地使用教学手段，可以使教师在体育教学中更加得心应手。

（三）教学语言和讲解

体育教学中的语言和讲解十分重要，是每个教师必须掌握的基本功，讲解时不仅要准确，而且要讲究语言艺术，这样学生不仅能听懂动作要领，还可以激发学生学习的兴趣。著名教育家马卡连柯说："同样的教育方法，因为语言不同，就可能相差二十倍。"在讲解时，教师不仅要发音准确，咬字清楚，更要充分运用语言、语调的变化来提高语言的表达水平。教师讲解时运用的术语必须准确，包括动作的名称、完成的方法、各组成部分的名称，及完成动作名称和完成动作的方向、空间的位置，还有运动个体、总体与器械、场地之间的相互关系等，都必须用专业术语准确地表达。这样不仅易于启发学生思考，也可提高学生的学习兴趣，提高教学效果。讲解要生动直观，这样有利于学生理解和记忆，形象直观的讲解更容易使学生产生兴趣。因此，这就要求教师讲解要生动感人，注意寻找与动作有密切联系的形象术语，并加以归纳运用。在体育教学过程中，教师讲解应该力求语言精练、声情并茂，做到"精讲多练"。精讲就是要抓住主要问题，突出重点和难点，通过精练的术语、口诀，简明扼要、条理清楚地将概念要领、练习方法、组织措施讲解明白，让学生用更多的时间去实践练习，以提高体育教学的效果。

教学语言和讲解还要注意节奏感，做到声情并茂。教学语言和讲解的节奏，是指语言速度的高低，语调的抑扬，结构的疏密，情感的急缓，这是由教师内心情感引起的语言快慢急缓的变化。教学语言的节奏，是以情感变化为基础，它与表达思想内容的节奏相一致。恰当运用声音的节奏，更能集中学生的注意力，避免单调刺激，减少学生的疲劳，使教学气氛和谐轻松。体育教师在讲解时，要区别教材内容的轻重，确定语言的节奏。讲授动作要领和重点问题时，声调要有力，速度要缓慢，要深入分析论证，给学生留下深刻的印象。讲授复习内容和次要问题时，速度可稍快，声调可稍低。必须分清主次、突出重点，这样学生就能顺利地感知，深入地思考，及时想象和识记。教学语言讲解切忌太快或太慢，太高或太低。太快，学生思维跟不上；太慢，学生思维受到抑制，兴趣降低；太高，学生听觉神经中枢持续受到高音刺激，容易由兴奋转入抑制状态；太低，学生听起来费力，就像听催眠曲一样昏昏欲睡。

（四）示范和非语言表达

示范和非语言表达，是体育教学中区别于其他学科的重要教学手段之一。体育教学中的示范，是体育学科独有的教学手段，也可以说是最为重要的教学手段之一，学生在学习具体的动作时，教师必须用学生感官能直接感受到的具体动作作为范例，使学生掌握动作的结构、要领、过程等。示范动作标准与否直接决定学生学习的效果，也会影响到学生学习的兴趣，因为标准的示范动作会给学生带来美的冲击，学生就会产生追求这种美的愿望。在教师做示范的时候一定要注意示范的目的和时机，并不是示范得越多越好。示范时的动作要干净、利落、大方、优美、娴熟、准确、到位，这样的示范能给学生带来审美享受，从而激发学生学习的热情。示范时也要注意示范的方位，要根据学生的队列方向和距离选择适合学生观察和学习的位置，也要根据教学和学生学习的具体情况来选择示范的类型。最终的目的都是有利于激发学生学习的兴趣和保证学生学习的效果[1]。为了达到好的教学效果，还要注意示范和讲解的有机结合，不能把讲解和示范割裂开来，这

---

[1] 袁建英. 现代教育技术与高校体育教育改革[J]. 冰雪体育创新研究. 2021（20）：113-114.

样会影响学生的理解和接收,大大降低示范的效果。

研究表明,教师非言语行为与课堂气氛之间存在着明显的正相关,学生对教师的非言语评价与对课堂气氛的评价有较强的一致性。当教师改进非言语行为时,学生对课堂气氛的评价也相应地提高,反之亦然。对此,有一种解释是教师通过非言语行为所表现出来的肯定或否定的态度能影响学生对自我、教师及所学课程的态度,从而进一步影响课堂气氛。另一种解释是教师的非言语行为具有较大的感染力,学生有意无意地模仿教师或积极热情或消极倦怠的态度,而学生的模仿又会成为一种信息反馈给教师,使教师更加投入或更加消极,并在此基础上形成一种氛围,即课堂气氛。

在体育教学中,单纯的语言讲解是不够的,为了增强语言表达的艺术效果,教师也要在语言表达的同时,配合和蔼的表情、自然协调的手势、优美的姿势等。因此体育课教学除重视语言因素外,还应充分重视诸如点头、手势、走动、眼神、表情、语调、停顿、感叹以及各种助词等一系列非语言因素的作用。对学生来说,教师的举手投足、点头微笑,都能成为具有教育性的审美对象,尤其是教师的表情,对教学的影响更是微妙。有人说微笑是课堂上灿烂的阳光,笑脸是课堂上永不凋谢的花朵。

(五)现代教学多媒体

现代教学多媒体已经成为体育教学的重要平台,成为引导教学走向艺术化的重要教学手段。由于科学技术的迅速发展,信息技术日新月异。多媒体技术、通信技术、网络技术等已渗透到教育的各个方面,再加上原始的幻灯、投影、视听系统经久不衰,可以说当今教学手段更加多样化,现代化教学手段的恰当运用能使教师在教学过程中如虎添翼,大大地提高教师的施教水平。正如著名教学论专家王策三教授指出的:"先进技术手段把教师从过去许多事务性负担中解放出来,教师将把主要时间和精力用于提高智力水平,向教学艺术的深度和广度进军。"

现代教学多媒体的特点是图、文、声、影并茂,这样就可以拓展学生的思维空间,并不局限在课堂上,创造出一种最佳的教学境界。比如,在介绍篮球运动的发展历史和常识的教学中,教师就可以充分利用电脑、投影仪网络等多媒体手段教学,让学生置身于篮球运动历史的发展当中,直观地感受到篮球运动的美,沟通课堂内外,开展综合性的学习,拓宽了学生的学习空间,提高了学生的学习兴趣，增加了学生综合实践的机会。

现代教学多媒体的反馈功能能反复激发师生在课堂中创造美的积极性，达到良好的教学效果。体育教学的内容主要是以经验形态存在于教师的身体活动中。这决定了体育教学本身就是一种最完全意义上的直观教学。在教学活动中，教师的动作演示直接地"活现"在学生眼前，让学生在直观状况下去模仿；学生动作模仿的规范与熟练，又直接地显示出教学内容掌握的程度。在教学中，为了使学生获得更准确深刻的运动表象，并顺利地内化为形成运动技能的动作图式，就需要让学生直观地了解自己所做的动作与规范动作的差异，第一时间的反馈非常重要。现代教学多媒体可以让学生（集体或个人）及时准确（真实）地耳闻目睹自己（或别人）的教学形态和成果，进而提高自我意识、自我完善的自觉性。这是传统教学做不到的。例如，利用投影设备和摄像设备，让学生在屏幕上看到自己和其他同学做的动作，学生能看到自己的形象，直观感受和欣赏自己创造的美，学习的热情就不言而喻了。正如苏霍姆林斯基所说："让孩子们感受到劳动的乐趣，让孩子们感受学习进步的乐趣，在他们心灵上唤起自豪感和做人的尊严感——这是教育工作的首要的金科玉律。"

六、提高学生体育审美能力

审美能力是能力的特殊类型。审美能力是体现在审美活动中的审美实践能力，是人对美的对象的观赏、感受、体验、想象与评价的能力综合。审美能力不为人的某一特殊器官所专有，而是审美主体在审美实践活动中综合运用感觉知觉、联想想象、情绪情感、理解评价等多种心理综合能力的结果。审美能力是成功地从事审美活动所必需的心理特征。正如马克思所说："如果你想得到艺术的享受，你本身就必须是一个有艺术修养的人"，"对于没有音乐感的耳朵来说，最美的音乐也毫无疑义"。费尔巴哈也说："如果你毫无音乐欣赏能力，那么，即使是最优美的音乐，你也只把它当作耳边呼呼的风声，只当作足下潺潺的溪声。"[1] 音乐、艺术欣赏是如此，所有的审美均如此。没有审美能力就不可能使潜在的审美对象在意识中呈现，不可能有审美感受和审美表现，所以也谈不上任何审美活动的发生。

---

[1] 王佳祺. 互联网背景下高校体育教育改革研究[J]. 中国多媒体与网络教学学报（中旬刊）. 2021（7）: 7-9.

教育家卢梭说:"只要有热情和才能,就能养成一种审美的能力;有了审美的能力,一个人的心灵就能在不知不觉中接受各种美的观念,并且最后接受同美的观念相联系的道德观念。"

审美能力的完整结构包括审美欣赏、审美表现和审美创造能力等因素。在体育审美教育中,学生的审美能力的开发和培养是至关重要的。教师在课堂上创造的体育美和营造的美的意境能否被学生接受,主要在于学生是否有感知美的能力。"一本书是否呆板乏味,或是生趣盎然,感情是否热如火、冷如冰,还要靠读者自己的体验或者换句话说,书中每一个字都是魔灵的手指,它只拨动我们脑纤维的琴弦和灵魂的音板,而激发出来的声音却与我们心灵相关。"

(一)唤起学生的体育审美意识

学生的审美意识是审美能力的基础。在体育审美教育过程中,教师要不断地利用体育美给予学生刺激,唤起学生的审美意识。"爱美之心人皆有之","好知者不如乐知者",人类的认识以及实践活动也早已表明,美的因素可以直接影响到人对事物的认识、理解及其各种行为反应。故只有"审美主体在审美过程中产生审美满足,获得一定的审美体验,审美体验不断增加,才会使审美主体逐渐形成一定审美观念,产生一定的审美趣味孕育一定的审美理想"。在老师的引导下,学生逐步地意识到体育之美的时候,他们一定会对体育产生浓厚的兴趣,从不喜欢到喜欢,再到主动追求体育之美,这样他们的审美能力就上升到更高的一个层次。如果学生经常会感觉到某个动作"真漂亮""真棒",这就是他们对体育美的感受的一种表达方式,体育美使他们对体育产生了更为炽热的情感。田径项目的力量美、速度美、耐力美等;体操、武术的"难能之美";艺术体操、舞蹈、健美操的优美;集体项目的配合美、技术美、战术美等。只要教师用心去发现,这些都能给学生丰富的美的刺激,唤起学生的审美意识并促进其发展。

(二)培养学生感知体育美的能力

培养学生发现体育中的美区别于其他对象的能力,是一件非常重要的事情。美感需要学生从整体上认识审美对象,但并不是像认知那样,理性地把事物复印在脑中。雕塑艺术家罗丹告诉我们:"所谓大师,就是这样的人,他们用自己的眼睛看别人看过的东西,在别人司空见惯的东西上发现出美来。"教师在教学过程中,要培养学生各种感官的感知能力，启发学生用自己独特的视角发现美，这样才能深入到美的感受中，进入美的意境。教师要善于运用生动的语言，形象地描述动作要领，用贴切而又形象的比喻，说明抽象的动作概念，使教材的内容在学生头脑中形成明晰的动作意象，通过形象、生动、有趣味的语言表达，不仅可以唤起学生的审美联想，调动已有的审美经验，而且有助于动作技术的理解和掌握[1]。

（三）让学生通过探究发现体育美

学生只有通过自己身心的参与发现美，才能使自己的审美能力得到提高。教育专家巴舍尔德主张："除了追求'科学智力'之外，我们的教育制度必须找到一种方法在我们中渗透一种'审美智力'。所有的老师都需要在开发学生的审美智力方面做好准备。"体育的教学是一种直观教学的方式，如果只靠教师的讲授，学生的理性分析、理解，是无法完成的，更别说发现和感受美。这就要求教师注重培养学生能像科学家那样具有敏锐的洞察力和丰富的想象力，用心去体验。学生通过自己探究发现了体育美，那么印象会格外深刻，给他们带来的喜悦也会格外强烈，这无疑是一种美的享受。

（四）鼓励学生参与审美创造

学生审美能力的提高是经过审美感受、审美体验、审美创造等不同的层次逐渐上升的，由经验层次上升到创造层次。审美创造是学生审美能力的核心，所以教师应该积极鼓励学生进行审美创造。其实，学生具有丰富的想象力和感知力，他们缺少的并不是能发现美的眼睛，感受美的心灵，而是缺少创造美的勇气。学生创造美的能力大多处于未激活的状态，教师应该利用多种手段和方法开发它，课堂中，到处都有创造美的机会，每一个动作，每一次练习都是珍贵的美的资源。我们应当鼓励学生尝试去运用自己的审美经验，调动他们的审美情感，并真实、独特、"审美"地表达出来。美的创造即由此开始。

七、营造体育审美场

任何人的审美活动都是在一定的"场"中完成的，都要受到他所处的特定的

---

[1] 朱俊民. 终身体育视域下的大学体育教育改革[J]. 内江科技. 2021, 42（5）：149-150.

"场"的影响和制约。这种"场",我们称它为审美场。所谓审美场就是指"由众多小一级单位的审美意象相互作用而产生,并又笼罩着这些审美意象的一种特殊的氛围或情调,是新的审美意象生成的一种特定的精神氤氲。"

审美场的概念来源于物理中"场"的借用和联想。物理学中,"场"是物质存在的两种形式之一,存在于一定的空间中,人的视听不能感知到。例如,物体在万有引力场中受到万有引力的影响。实物之间的相互作用就是依靠有关的场来实现的。场本身具有能量、动量和质量,而且在一定条件下可以和实物相互转化。所谓体育审美场是指,在体育活动中,教师和学生共同营造的一种整体审美化的氛围,在这种氛围中,师生双方可以自由地进行体育审美教育活动,将体育审美教育的育人功效发挥到最大。良好的体育审美场是一种"既和谐又活泼,既紧张又有序,既庄严又亲切;既有播种的繁忙,又有收获的喜悦;既有竞争向上的意识,又有漫步知识田园的情调。在这种审美场中,活动主体有强烈的审美感受,能够形成带有审美愉悦的良好心境和情绪;反过来,这种情绪和心境向外扩散,相互感染,又能使审美场的场力增强。"

体育的教育教学不是把知识、技术、技能从教师的知识库中复制到学生的头脑中,更多的时候是靠教师和学生心灵的沟通和情感的激发。体育审美场正是通过这种情感的感染性来影响在课堂中的每一位学生,把良好的课堂气氛,转化为学生个体的情感体验,从而达到良好的教学效果。

体育审美场地营造,受许多因素的影响,其中主要的问题是课堂氛围。课堂气氛的重要性在佛罗里达的《行为测量手册》(1981)中提到过,书中写道:"课堂气氛能影响学生行为和态度的变化,在某种程度上,这些变化是积极的、持续不断的,这些的确有助于改善学校学习,因此教育者应该检测这些不同,尝试着为他的教育活动增添自然吸引力。"

罗杰斯也非常重视学习气氛的心理渲染作用,他说:"成功的教学依赖于一种真诚的理解和信任的师生关系,依赖于一种和谐安全的课堂气氛。"[1]要想取得良好的体育效果,就要营造良好的课堂气氛,这种良好的气氛中,师生可以无拘无束,自由地进行教学。

---

[1] 柴健. MOOC 背景下高校体育教育改革的挑战与应对 [J]. 体育风尚. 2021 (5): 199-200.

（一）有效激活和调节学生情绪

激活学生情绪、调动起课堂气氛，是一堂成功的体育课的开端。当课堂气氛被调动起来，学生学习的积极性也被激发，这时候，并不是教师在教授，学生在学习，而是师生双方处于一种和谐、平等交流的状态。老师引导学生，反过来学生也积极地影响着教师。学生的学习活动，总是在一定的学习动机的支配下进行的。学习动机是直接推动学生进行学习的一种内部动力，它表现为学习的需要、意向、愿望或兴趣等形式。研究表明，学生的学习动机是在具体的学习情境中激发和发展起来的。在特定的条件下，教学环境中的各种环境因素都可能成为影响学生学习动机的诱因。例如，课堂教学气氛、师生关系、教师期望、学生群体的凝聚力和群体目标、群体舆论、学习中的竞争与合作、教学环境的布置及其新异程度等等，都在一定程度上对学生的学习动机发生着潜在的影响。这些影响可能是积极的，也可能是消极的。它们既可以充分调动学生的学习积极性，使他们全力以赴地投入学习，也可以使学生远离学习，丧失学习兴趣。所以，创造良好的情绪与课堂气氛，可是使学生和老师都处于一种最佳的状态，精神集中，思维活跃，心情愉快。要想激活学生的情绪，就要积极地调动学生，激发学生的好奇心，学习的兴趣，探索精神，将学生引导到教师创设的教学情境中去。

（二）发挥游戏精神

雷纳在著作中这样说："在游戏中，人世间的现实突然成为一种转瞬即逝的东西。人们随时准备接受游戏中出现的令人惊异的和新奇的事情，进入一个运用不同法则的世界。人在游戏中趋向最悠闲的境界，在这种境界中，甚至连身体都脱离了世俗的负担，它和着天堂之舞的节拍轻松摇动。"

英国审美教育家赫伯·里德指出："游戏法如用之适当，不会意味着缺乏教学的方向或连贯——那是在教学中游戏，而不是以游戏来教学，但要使游戏具有方向，就是要把它改变为艺术。"

体育课程教学的素材来源于游戏，体育课程教学传递的内容其实质是一种游戏文化，体育课程教学中的互动是游戏者与游戏者之间的互动。现在的体育教学并不缺少游戏，而是缺少一种游戏精神。教师应该在体育教学过程中，通过创造一种游戏情境，引导师生进入一种游戏状态，教与学过程中，师生达到"自由、自愿、自足、平等、合作、投入和忘乎所以"的境界，使游戏精神渗透到体育课程教学的始终，进入这种状态的学生是自由的，幸福的，是超越功利的，师生具备了这样一种心境，体育的任何一个环节都可以在游戏。对于游戏精神内化的课堂教学，曾有学者进行了精彩的描述："具体说来，课堂教学中的游戏精神，力图达到的是这样一种境界：整个课堂被视为一个游戏活动，师生双方生存于其中，而不是受其挟制和束缚。在这场游戏中，师生双方忘却了外在的期望、压力，全心全意地投入教学之中，为教学情境本身所吸引、引导，师生按照此时此刻的教学情境应有的方向共同前进，师生不再作为引导教学的主体，教学的主体成了教学本身，师生双方完全沉浸于当下的教学愉悦之境，享受教学之境中的自由、轻松、和谐、融洽、光明、温暖。学生在游戏精神中掌握了知识，实现了知识与现实生活的对接；教师在游戏精神中完成了育人的使命，达到理性人生与感性人生的和谐。"

可见，游戏精神充盈的课堂是和谐的、是美的，是充满诗意的，没有高高在上的权威，没有外在的功利需求，存在于其中的师生是自由、平等的。

（三）创造平等与自由的心理场

努力营造一种审美化的课堂教学心理场，这种心理场其实就是一种使老师与学生之间能够自由和平等地交流的氛围，在这种氛围中，教师和学生都会感到愉悦、平等、热情、和谐。它要求教师的教学情感愉快、欢乐、期待、饱满，教学评价必须以表扬、赞同、激励为主，这样才有助于审美化教学气氛的创设。在体育教学中，学生的先天差异大，对于同一个教学内容，必定有的学生完成得快又好，有的学生完成得会慢、会差。这时候学生需要的是鼓励和帮助，怕的是老师的不满和批评。教师应该营造一种自由和平等的氛围。教学过程中，教师要使课堂既有良好的纪律、高度集中的注意、专注的思维、稳定的情绪，又有旺盛的求知欲、饱满的情绪、活跃的思维，形成静中有动、动中有静的和谐统一；既有活跃的教学气氛，如兴趣浓厚、情绪热烈、联系踊跃、思维敏捷，又有冷静分析、思考与欣赏，形成有张有弛、有起有伏的和谐统一；既有民主融洽的教学关系和轻松愉快的教学气氛，又有严谨的教学作风，形成宽松而不涣散、严谨而不威慑的和谐统一。这种良好的体育审美场，具有民主、和谐的课堂气氛，师生具有良好的教与学的关系，共同促进更好的教学效果的达成。

第七章 体育审美教育观的基本架构

第一节 体育审美教育本质观

科学的体育理论体系应是一种专门化、系统化的体育思想，它由一系列概念所构成。要想全面把握体育审美教育就要对体育审美教育的本质、目的、价值功能等作明确的阐释。

体育本质的追问是使体育研究者魂牵梦萦的问题。至今为止，关于体育本质已有许多阐释，这是学者们不懈努力的结晶。然而，当面对体育审美教育的时候，我们不禁要问：体育审美教育的本质是什么？如何揭示并阐明体育审美教育的本质？

一、本质的意义

认识事物要力争认识它的本质，这是人类在实践中探知出的一条真理。"本质是一件事物的核心和灵魂"。如果不能正确认识事物的本质必然导致混淆事物的是与非、好与坏、属性与功能等问题。

（一）本质的内涵

一般认为本质是指事物本身所固有的、决定事物性质、面貌和发展的根本属性。事物的本质是隐蔽的，是通过现象来表现的，不能用简单的直观去认识，必须通过现象掌握本质。本质是事物的内在联系。它由事物的内在矛盾组成，是事物比较深刻的一贯的和稳定的方面。事物的本质属性是指某类对象必然具有并与其他各类对象区别开来的属性，如"思维""创造生产工具的能力"等是"人"的本质属性。黑格尔在《小逻辑》中指出：本质主要地包含有差别的规定，本质的差别即是对立。在对立中，有差别之物并不是一般的他物，而是与它相反对的他物。辩证唯物论认定本质具有决定性、单一性、稳定性和隐蔽性[①]。

（二）本质与现象

本质与现象是相对的，它们是揭示事物内部联系与外部表现相互关系的一对

---

① 黑格名. 小逻辑[M]. 贺麟，译. 上海：上海人民出版社，2009.

范畴。相对而言，本质揭示了事物的内部联系，它决定了事物的性质和发展的趋势；现象揭示了事物的外部联系和表面特征，它是事物本质的外在表现。本质和现象是对立统一的。世界上没有离开现象的本质，也没有离开本质的现象；本质寓于现象之中，并通过现象表现出来；现象受本质支配，是本质的外部形态。简单地说，本质决定现象，现象蕴藏着本质。同时，本质和现象是有差别和矛盾的，本质是比较单一、稳定、深刻的东西，现象是比较丰富、多变、表面的东西。可见，本质是内在的、根本的、起决定作用的，是通过现象体现出来的。现象则在表现着本质和非本质。

（三）质与属性

事物的质是一事物区别于他事物的内部的规定性，质与事物是直接统一的，一定的质就是一定的事物。恩格斯曾经指出，在现实世界中，没有同事物相脱离的纯粹的质，而只是具有无限多的质的物体。也就是说，事物的质是多方面的、多个的，甚至是无限多的；对质的认识是发自于现象，发自于质所依附的事物。质是人们区分、认识具体事物的客观依据。质往往通过该事物与其他事物的关系、通过事物之间的区别表现出来。事物之间的联系是复杂的，因而事物的质常常表现为多种多样的属性。属性指事物的特性、特征，包括形态、动作、关系等。属性是事物本身固有的性质，是由该事物的内部矛盾所决定的。可见，属性是质的表现，它通过事物之间的相互联系而表现出来，如书籍在与其他事物联系过程中表现为知识、艺术品、商品、工具等；质是事物的内在规定性，是属性的规定性；事物的质和属性都不是唯一的。

（四）本质与本质属性

事物的质是多方面、多个的，对事物起着最基本、最根本的内部规定作用的质，就是事物的本质。马克思主义哲学认为，本质是事物的内在联系，是深刻的、稳定的，是区别于其他事物的，他通过该事物与其他事物的联系表现出来。本质属性是决定该事物之所以成为该事物的必不可少的属性，体现该事物的特有特征，是构成该事物的本质的要素。

亚里士多德在《形而上学》一书中说："在事物的说明方式中所包含的第一要素，也就是说，表现那一事物是什么（本质）的东西叫作属概念，而那一事物的诸属性质叫作种差。"亚里士多德的这一论述对于我们理解"本质"与"本质属性"的区别有着极其重要的意义。我们可以看出：

第一，某事物的属概念反映该事物的本质。

第二，某事物的种差反映了该事物即种概念的本质属性。

二、体育本质解读

体育本质是体育本身固有的，决定体育性质、面貌和发展的根本属性，体育的本质反映了体育过程内部的特殊矛盾，对种种纷繁复杂的体育现象或体育表现形式具有决定性的作用。从宏观上看，对体育本质认识直接影响着对体育功能的认识，包括体育目标的确立、体育内容和方法的选择，体育发展战略和各项体育方针、政策的制定，以及体育投入等；从微观上看，对体育本质的不同把握将直接影响着人们的体育价值判断和体育价值观的形成。对体育本质的界定，长期以来一直存在着争论，这表明认识体育本质的复杂性。没有对体育本质的正确认识，就不可能有正确的体育审美教育观。

20世纪70年代末，林笑峰先生主张体育思想体系的主体应从运动论和运动教学论转向身体论和身体锻炼论，研究如何有效地应用体育手段增强学生体质的问题，以身体论和身体锻炼论为主体，提出体育是一种"增强体质的教育"的真义体育观。

林笑峰先生的学术思想引起了体育理论界的强烈反响，从而拉开了一场关于体育本质及概念大讨论的序幕。在这场大讨论的过程中，各位学者都以敏锐的学术嗅觉，不约而同地从国内外各种文献资料中寻找依据，在不断的争论过程中，提出了许多有价值的观点，这有助于我们更好地理解体育的本质。下面列举一些比较有代表性的对体育本质的论述和观点。

对体育本质的这场大讨论已经进行了30多年，各种观点、论据不断出现，虽然体育的本质还没有形成一个统一的认识，但综观上述各种观点，我们可以清楚地看到，属于教育范畴的体育是体育的本源含义，本文也取体育的本质是教育这一观点。体育属于教育范畴，体育本来就是教育的一个组成部分，体育的手段是身体锻炼，与其他学科共同完成培养学生的目标。属于教育的体育用英文"physical education"表示，竞技体育用"sport"表示。

三、体育审美教育本质——"身心兼修,魂魄并铸"

在检索到的文献中,有与体育审美教育相关的描述,但都流于表面化。体育审美教育的概念,目前未曾有人提出,也没有人对体育审美教育的本质作出界定。体育原本源自游戏,体育最高表现形式的奥林匹克运动在英语中仍然属于 game,是一种玩的"游戏"方式。

(一)体育本身就是以学生的身体参与为基础的自我活动

学生参与体育运动是为了通过身体性活动来增强体质、增进健康,是为了达到身心的愉悦和情感的发泄,是为了实现自我生存、发展与完善。由于受到传统思维和工具理性的桎梏,在体育过程中有一些问题一直困扰着我们,那就是学生参与体育的意识不强,喜欢体育的程度不够,对体育的本质认识不清[1]。

(二)体育审美教育观强调学生通过体育学习来培养体育的审美情趣

在体育过程中,通过引导学生欣赏体育美,强化学生的个人意识,促进学生主动地投入其中,主动地活动,让他们在活动中主动地发展。学生通过欣赏体育美,感受体育美,享受体育美,进一步掌握体育运动基本知识、基本技术、基本技能。这样能促使学生体育兴趣的提高,把学生重新吸引到体育课堂中来。通过对体育美的感受,让学生正确理解体育中的成功与失败,竞争与合作,快乐与痛苦。体育的学习不经历痛苦,不经受挫折是不可能真正领会体育的奥妙的。要想取得好的体育学习效果,必须通过对身体的艰苦训练和对心理的不断调节。我们强调在体育过程中让学生感受体育的美,并不是说只有快乐与成功是美的。在体育活动中,有时候失败与痛苦更是一种美。因为只有经历过失败与痛苦,才能体会到成功与喜悦。在体育审美教育中,要让学生体验失败的痛苦,从痛苦中领悟人生,进而再上升到成功。同样,也要让学生体验快乐的时候去体验不快乐,让学生学会去承受痛苦,理解痛苦,从而建立一种良好的心态去面对未来的生活和社会。这一点正是其他学科与体育无法相比的。在这样一个过程中逐步建立和完善学生的审美心理结构。由于审美心理结构的逐步完善,影响智力结构的逻辑思

---

[1] 何劲鹏,姜立嘉. 身心兼修、魂魄并铸:论体育课程的本质属性[J]. 体育学刊. 2010,17(2):50—53.

维模式导向自由直观，影响伦理结构的道德规范导向自由意识，从而达到心理结构的完善，协调发展。体育审美教育在于它为健康身体带来精神自由活动，养成健全的体魄。

（三）体育审美教育观是一种多元的、综合的、全面的、发展的体育观

体育审美教育观的着眼点在于体育要以人为本，以人的自由全面发展为目的，要适应构建和谐社会的要求。整个教育过程，要从培养全面自由发展具有独特个性的人的视角，为构建和谐社会服务。将体育技艺的掌握不仅仅看作知识的传授，而更重要的是对情感的陶冶和感染，把体育的最高境界从技术自由引入审美境界。体育审美教育是在一种体育过程中，通过培养学生认识和体会体育运动中的美，从中体验到运动的乐趣，提高学生参与体育的动机，促进学生身心和谐发展，进而树立终身体育、终身健身的理念，养成坚持体育锻炼的习惯，从而达到"身心兼修，魂魄并铸"的教育目的的一种体育观念[①]。

第二节 体育审美教育价值观

人们开展体育活动的目的是要实现体育的价值。探讨体育审美教育价值对于明确体育价值的关系、本质，树立多元观的体育价值观、进行正确的体育价值选择以及顺利实现体育价值等都具有重大的理论意义和现实意义。

一、体育价值阐说

马克思说："价值这个普遍的概念是从人们对待满足他们需要的外界物的关系中产生的，是人们所利用的并表现了对人的需要的关系的物的属性。"这种主体与客体的关系，可以是一种反映与被反映的关系，也可以是一种改造与被改造的关系，而且也是一种价值关系。价值与客体的本身结构密不可分，但更取决于主体的需要，与主体的活动是紧密相连的。马克思曾经明确指出："'价值'这个普遍的概念是从人们对待满足他的需要的外界物的关系中产生的。"

---

① 戴艳艳，金玉珠. 体育教学中如何贯彻"身心兼修、魂魄并铸"的理念[J]. 当代体育科技. 2013,3(33): 81-82.

在马克思的这句话中，有四个"关键词"："外界物""需要""关系""满足"。他抓住了"价值"这一概念的本质——价值是客体对主体需要的满足关系。这里所说的"客体"即价值客体，它是对主体具有意义或效用的存在物。这里所说的"主体"即价值主体，"需要"是主体尺度之一。显然，"价值"是一个关系范畴，而不是实体范畴。它既不是客体，也不是主体，而是主客体关系的一种形式，即价值关系。

"价值"与"体育价值"之间，前者是属概念，后者是种概念。依据"体育价值"与"价值"之间的种属关系，可以把体育价值定义为"体育对主体需要的满足关系"。可以说，体育价值是体育对主体所呈现出的意义，是体育价值观的核心。显然，"体育价值"也是一个关系范畴。体育的价值映射着人的需要，这也就是体育对人的意义。有人把体育价值等同于体育的功能和属性，这是没有抓住体育价值的"关系"本质的表现。

上述体育价值的概念看起来比较简单，但要真正准确地把握是很难的，有几个问题需要搞清楚。

第一，体育价值的价值客体是什么？本书认为体育价值以"体育"为价值客体。就是说，"体育"是用来满足主体需要的"存在物"。

第二，作为价值客体的"体育"指的是什么？本书认为既指整个体育系统也指体育活动而且包括体育活动中的某些组成部分，比如，方法、手段、内容等。

第三，"体育对主体需要的满足关系"，满足主体的什么需要，满足物质需要还是精神需要，满足个体的发展需要还是社会的发展需要，是经济发展需要还是政治发展需要或是文化发展需要？是真的需要？还是善的需要还是美的需要？"体育价值"具有什么样的属性，是客观的还是主观的？这是价值论范畴不断争论的问题。

有些学者认为，价值是主观的，它是人的主观意志与需要的作用，人的需求选择是价值的唯一标准，他们只承认价值的功利意义，否认价值的绝对性；另一些学者的观点正好相反，他们认为，价值是客观的，是事物的固有属性，不以人的意志转移，是绝对的，是内在的。而本书认为，这两种观点都不够全面，价值是一种关系范畴，只有当主观需要与客体发生作用时才存在，它既是主观的，也是客观的，是主观与客观的统一。体育价值关系是体育价值认识的直接对象，包括"体育"这一价值客体及其属性和主体的需要是间接的认识对象。我们在对体育价值进行研究的时候,一定要认识到,它既有客观性,又有主观性。

二、体育价值观概说

所谓价值观,就是指社会客体或主体行为价值的观念或客体的社会价值观念。不同人群,不同民族,不同国家,不同时代都会形成不同的价值观,它与时代的需求和利益有密不可分的关系,受主体的需要制约,也受当时社会发展的制约,比如生产力发展水平,科学技术水平,政治、文化、经济的发展等。也就是说,客观的时代背景与文化特点等作用于主体的利益,使主体产生一定的价值体验,作出价值选择,有同一背景的主体经过长时间的一致的社会活动使他们的价值选择趋同,就形成稳定的价值观念,这种价值观念一旦形成就具有稳定性和一致性。但在人类社会发展的历史长河中,它会随着社会的发展而不断变化,而这种人类在不同历史阶段的价值取向,实际上就是一个时代需求的体现。这反映了价值观实际上是具有客观社会性,它的形成与转变不以人的意志为转移,随着人类社会的不断发展,多种多样的价值观念会互相影响、相互接近,最终趋于统一[①]。体育价值就是体育(客体)对人与社会发展及人类文明延续(主体)呈现出来的意义。体育价值观是对体育价值及体育价值关系的整体的、根本的看法、观点和态度,包括体育对主体需要的满足程度的认识。同时,还包括对主体存在和发展所具有的功能属性以及主客体相互关系的特定效应等方面的认识。

三、体育审美教育价值选择的理想境界

价值是一种关系,所以价值需要选择。价值选择也可以说是主体认识客观世界,改造客观世界,使客观世界为人服务,是人主体性确立的过程,这个过程是人与客观世界逐步和谐统一的过程。理想的价值选择原则是以真、善、美为准则,以真、善、美为目的,逐步实现真、善、美的统一过程。爱因斯坦曾说:"照亮我的道路,并且不断地给我新的勇气去愉快地正视生活的理想,是真、善和美。"真、善、美是人类社会共同的追求,是人类生存与发展共同的价值取向和最理想的境

[①] 赵强,薛玉行. 体育锻炼增强大学生体质实证研究[J]. 体育文化导刊. 2011(4):94-97.

界,也是人类社会实践的共同遵循的尺度。人类达到最理想的真、善、美的价值选择境界是一个渐进的过程,随着人类社会的不断进步,真、善、美的境界也不断接近,人类不断发展的脚步就是达到真、善、美理想境界的步伐。人类不断地解放和发展,标志着人类拥有更多的真、善、美。

(一)价值选择中的"真"

"真"是指人类在认识客观世界、改造客观世界的过程中,了解、认识客观规律,把握客观世界的过程。对"真"的认识和追求可以推动人类社会发展,为人类社会造福。人类社会科技文明的发展的过程就是对"真"不断认识的过程。体育审美教育中的"真",主要是在整个教育过程中,尊重人体运动规律,人的身心发展规律,教育规律,美的规律,使学生在体育活动中直观自己的本质力量,从而使学生"由必然王国升华到自由王国",得到全面、自由、和谐地发展[1]。

(二)价值选择中的"善"

"善"主要涉及人与人,人与社会的关系。它可以维系社会的秩序,可以使社会稳定,用一定的社会规范保证人与人、人与社会、人与自然和谐发展,从而促进社会的有序上升。体育审美教育中的"善",是指利用体育活动中激烈的竞争、无间的合作,成功与失败,欢笑与泪水等社会生存必须面对的挑战,促进学生适应社会,养成社会责任感和使命感,不断塑造他们的理想人格。

(三)价值选择中的"美"

"美"是沟通"真"与"善"的桥梁。它是人认识客观世界、改造客观世界,认识人类自身的本质力量的反映。它在一定程度上表明社会进步和发展的程度。人类对"美"的不断选择和追求,可以丰富人的生活,美化人的生命,提高人的生命意义,造就完美的人生境界。体育审美教育中的"美",是教育的中间环节,也是终极目的,在学生感受、欣赏和创造体育美的过程中,不断促进他们的健康,陶冶他们的情操,使他们身心的发展统一在"美"的氛围里。不断促进学生全面的发展。

体育审美教育的价值选择理想境界就是追求真、善、美的和谐统一,在真、

---

[1] 朱家茂. 学校应建立学生身体素质、形态机能卡[J]. 辽宁体育. 1988(11):12-14.

善、美不断融合、不断渗透、不断作用的过程中，学生学习了知识、认识了社会，情感得到了升华，不断向着尽善尽美、全面发展的人迈进。只有这样，体育才是充满人性的教育，才是为人的教育，才能促进学生成为真正自由的人。

四、体育审美教育价值——以美启真、以美扬善

真、善、美是人类智慧的结晶，人天性就对真、善、美有无限的渴望，而且，人类社会的进步和社会不断向前发展的根本价值和潜在动因都是真、善、美。符合和表现真、善、美的社会活动会取得好评，并取得巨大的社会效益；相反，违背和远离真、善、美的活动必将以失败告终，而且不会得到社会的承认。从根本上说，真、善、美是存在内部联系的，美是合目的性与合规律性的统一，它兼具真（合规律性）的特征和善（合目的性）的特征，所以美以独特的可以愉悦人身心的特点起到沟通真与善的桥梁作用。真与善是可以不断进步发展的，而美也是在这种不断地进步发展中得到进一步的升华，这也就是真、善、美表现最为深刻的统一关系，而这种发展进步和升华是无止境的，往复循环永不停止。从哲学的观点来看，美的境界是一种理想的境界、是本体论的境界，是至真、至善、至纯，绝对、永恒、无限。但是，真、善、美是人类社会实践发展而逐步形成的，所以，每个历史时期的人们对真、善、美的认识都是不同的，是受当时历史条件制约的，因而也是相对的。

从价值观的角度出发，人们衡量一个事物的品质一般都会用"真、善、美"作为标准。体育审美教育对于真、善、美的需要是一种内在的诉求，体育审美教育不是把美和审美当作是一种点缀，而是要把审美在实质上完全地融入体育活动中，使审美功能得到有效的发挥和发展。审美功能的多样性是得到广泛承认的。我国著名美学家李泽厚先生就认为：审美一方面存在合目的性的价值，另一方面审美对道德的培养和对真理的认识也有促进作用。他指出，"审美而形成的主体性的人性结构，落实在个体心理上，是以创造性的心理功能而不断开拓和丰富自身而成为'自由直观'（以美启真）'自由意志'（以美储善）和'自由感受'（审美快乐）。[1]"他所提出的这三项审美的功能是当代哲学美学最为重要的理论成果。

---

[1] 黄恩伟. 身体素质与身体健康的关系探究 [J]. 中国学校体育. 2007（7）：26-27.

在体育教学中,只有以"美"为纽带,确立起"以美启真"与"以美扬善"以及两者的统一这一价值,体育审美教育才会显示出它的育人价值。

(一)以美启真

1. "美"与"真"的内在关联

所谓"真",就是客观真理,具体到体育审美教育中就是通过人类体育实践总结出的科学的知识、合理的技术和高超的技能。从美的本质看,美与真是有区别的,但美与真又从来都是紧密相连的,更不是彼此对立的。真是美的内容的主要构成基础,而美则是对真的包容与质的升华,美对人类认识具有极为可贵的暗示、启迪功能。正如海森堡所说:"美是真理的光辉、自由的万能形式。"体育中许多知识与技能是不能用语言表达出来的,只能用理智直观,即通过美而感受到和发现到它。所以,体育教学中存在大量的审美因素,这些审美因素有些是外显的,有些则需要我们深入挖掘,这些审美因素可以帮助学生学习体育知识、技术和技能,它将引导学生更轻松、更自由、更全面甚至是在更高的层次上学习。这正是这种合规律性与合目的性相互撞击而和谐的奏鸣曲。

2. "以美启真"的实施途径

体育审美教育中的"以美启真"指的是体育教师遵循美学、审美教育规律与学生对体育知识的认知规律。其具体的实施途径如下:

第一,通过多种多样的体育运动形式和运用各种各样的手段方法,深入挖掘体育教学活动中的美的因素,让学生感觉到体育中优美感、崇高感、倾慕感、景仰感、欣慰感等各种美的感受,从而增强学生的审美意识,使广泛的审美性成为学生掌握基本知识、基本技术、基本技能的先导,使学生在美感中掌握体育知识、技术、技能。美能启迪人的智慧,激发追求真理的热情。正所谓,"知之者不如好之者,好之者不如乐知者",列宁也说:"没有人的感情,就从来没有也不可能有对于真理的追求。"

第二,通过对教学内容精心地挑选和组合,教学程序的巧妙设计,把教育内容置于伟大体育文化的历史长河之中,使学生得到美的熏陶和观照,使教育的内容转变成审美对象,这样就可以多方面地展现出美的因素,使学生的身体和精神得到更好的发展。

3. 在体育审美教育中实现"以美启真"的价值

第一，利用体育审美教育活动中大量的审美因素，激发学生认知的内部动机和学习的兴趣。美的事物具有可以引起人们向往和追求的强烈愿望的神奇力量，不论什么事物只要与美联系起来都会引起主体的兴趣。而主体对美的感受可以被引入他生活和实践的其他方面，甚至是全部方面，这正是因为事物给主体美的感受积累起来的体验是可以"迁移"的。体育教学中，体育美的因素可以激发学生良好的学习内部动因，从而产生强烈的学习兴趣，为学生学习体育知识，掌握技术、技能提供良好的动机背景。这里所说的美的因素，不只是单纯指体育活动本身的美，而且包括学生对教师、对教学环境、对教学过程等其他方面的美的感受。教师在进行体育审美教育的过程中，首先要注意的就是如何用美来激发学生的学习动机，因为，学生对教育教学过程中多种多样美的感受和体验是他们产生学习兴趣的"催化剂"[①]。这样的催化剂成分越浓，含量越高，学习的动因就会愈加强烈。

第二，借助蕴涵于体育审美教育过程中的各种审美活动来发展学生从事学习活动所必需的多种心理能力。审美活动必然是人各种心理因素积极、全面参与的过程，离不开感知、想象、理解，它是联合了精神的兴奋和身体感官感受能力的全身心的活动。所以，人们在享受美带来的体验时，必然刺激想象、思维等心理能力。人经常进行审美活动，会增强各种心理能力，把心理能力导向一种更高的层次和境界，最终建立起非常完备的心理结构。这种由多种心理能力不断完善和发展而建立起来的协调的心理结构，不但可以满足一般审美活动的要求，而且也是从事一般活动，尤其是创造性的认识活动所需要的最佳心理状态。教师必须充分发挥体育审美教育中的审美因素，促进学生多种心理能力的协调发展，用美的丰富性和自由性激发学生某些潜在的或是被不正确教育方式所压抑了的心理能力，只有这样学生才能利用这种完备的心理结构更好地完成认知活动。

第三，在适当的条件下，让审美因素成为学生掌握真理的特殊工具。"以美启真"就是要让教师通过对教材内容、教学过程、教学环境中的美的深入挖掘，让学生了解体育美，感受体育美，创造体育美，从而建立一种具有丰富情感性的

---

① 陈晓妹. 以美启真以美扬善以美育美——思想政治审美化教学的实践研究[J]. 中学政治教学参考. 2015（22）：36-38.

审美教学方式。使学生的审美心理和教学内容同质同构，让学生在美的感受和创造中学习体育知识，掌握体育技术、技能，进而使他们得到全面、自由、和谐的发展。人类的实践活动证明，美的因素可以帮助人们理解、认识客观世界，也可以影响人的各种行为。教师应该充分利用体育审美教育教学活动中存在的大量美的因素提高学生学习的情趣和效率。正如苏霍姆林斯基所说："对于青少年来说，美的活跃思想犹如阳光和花朵那样有机地联系着。那些嵌入到学生掌握知识过程中的大量的美的因素，必然会使学生透过美而更深刻地求得真，成为学生把握知识的特殊工具，并在不断地暗示中，有效地改善学生学习活动的方式。"

在体育审美教育教学活动中，有机地实施上述三个方面，"以美启真"就会凸显它的育人价值，通过丰富的体育审美因素可以激发学生的学习兴趣，也可以指导他们如何去进行学习。

（二）以美扬善

所谓"善"是指人们评判道德行为的范畴，是调整人与人之间以及个人和社会之间的关系和行为规范的总和。体育活动中包含许多善的因素，其中，竞争精神、规则意识、合作精神、责任感、意志品质等特质可以潜移默化地帮助学生建立正确的道德观和世界观。

1. "以美扬善"的内涵

体育审美教育中的"以美扬善"是指教师在教育教学过程中，积极创造并利用体育运动中的审美因素来培养学生正确的世界观，陶冶学生的崇高道德情操，养成良好的社会适应能力，促进其人格的完善。在体育活动中，有许多和社会生活相似的情景，教师应该利用这些情景让学生进一步认识体育中的美不仅仅是快乐、成功，在有些时候也是失败和挫折，当正确认识失败和挫折，并战胜他们最后取得成功是更高层次的美（崇高）。"以美扬善"强调的是，感官、心灵以及人格对客体的观照、领悟和畅神的愉快，是自由的情感交流和创造，它重在潜移默化的状态中实现情感的陶冶和心灵的塑造[1]。恰恰是这种自由动情的教育状态，才在感性趋向理性、理性回复感性的互动之中给予体育审美教育以强大的推动力。

---

[1] 黄长德. 审美化教学"六维度"[J]. 新课程（综合版）. 2008（5）：45-46.

2. "以美扬善"的实施途径

（1）"以美扬善"充分利用了美与善的相互作用和统一的关系

在美与善的相互作用中，利用体育美的因素培养学生正确的道德观念、有力的社会适应能力和完美的人格。伦理道德问题本身就存在美的因素，再把这些美的因素融入美的教育形式中，就能直接唤起学生对道德的认识，体育活动中的美不仅能提高学生的道德认识，唤起学生的道德情感，更为重要的是能潜移默化地影响学生的道德行为。所以说，体育活动中存在的审美关系本身就具有伦理道德的意味。

（2）"以美扬善"靠审美感与道德感，把学生的审美心理结构和人格心理结构联系起来

审美感推动着学生的人格构建。这是因为，学生通过参加体育活动而感受到体育美，他们的情感随之也被激发，结成美好的形式，而这种情感的美好形式会对学生的行为起到规范的作用，而这种规范的行为就是道德行为。在欣赏、创造体育美的时候，学生的各种心理因素都被积极有效地调动起来，形成一种良好的心理氛围，而对事物的感受会进入一种自由的境界。学生一旦长时间和经常地处于这种良好的精神氛围之中，这种对美的感受就会积淀下来，形成一种稳定的心理状态，对他所接触的任何事物都对以审美的态度，而与客观世界发生联系时，都会不知不觉地强化社会性的情感，变外在的行为规范为主体自身的道德需求。一个人所实践的是他所认同的东西，一个人所追求的更是他所相信的东西，这样，人的主体精神，人的道德思维、道德判断能力也就相应得到发展和升华，从而实现意志选择的自由和人与人之间关系的和谐。"以美扬善"就是以体育美所激发的情感为中介，将审美心理结构与道德、人格心理结构相沟通，并利用这种沟通陶冶学生的情操，塑造学生完美的人格。正如苏霍姆林斯基所说："美是一种心灵的体操，它使我们的精神正直、心地纯洁、情感和信念端正。"

3. "以美扬善"的实现价值

在任何情况下，只要学生感受到、欣赏到美，他们的精神世界就与美展开积极的交流。在体育审美教育中，"以美扬善"的实现价值主要包括以下几个方面：

第一，借助丰富的审美因素来改善体育中的束缚性和强迫性，增加其自由性和活力，从而使学生乐于自愿地接受正确的行为规范和世界观。因此，在引导学

生认识正确的行为规范和世界观时，必须同时引导他们从情感——美感的角度来细致地进行体验，体育审美教育的内容具有很强的实践性和直观性，学生在实践中认识社会规范、明确自己的社会角色，意识社会责任和义务，从而为学生建立良好的正确的行为规范和世界观提供更为广阔的空间和可能，使他们明确进行道德认识的方向，使体育中对学生行为、道德意识的培养，变为对自由意志的培养，这样的体育就具有了"以美扬善"的美学意味。

第二，利用体育审美教育课程与教学中的审美氛围来激发学生对学习和生活的热爱，从而树立美好的生活理想。学生在学习活动中所获得的审美性的情感体验将有助于他们不知不觉地产生出与教育目标相一致的积极的学习态度。而这种积极、乐观的态度又将必然地影响到他对生活和工作的态度，帮助他们确立美好的生活理想，使他们的生活目标变得更加高尚。因此，教师应当努力创造出一种审美的氛围，以此来陶冶学生的生活情趣，促进他们形成远大高尚的生活目标。孔子曾感叹道："吾未见好德如好色也"，认为用审美的态度来进行评价活动，能使心灵得到净化，人格得到提升。

第三，教师要充分地运用自由动情的美的教育形式来促进学生的个性发展与人格完善。在体育审美教育活动中，不当的教育方式非但不能促进学生的个性成长，反而会给学生的个性成长带来极大的压制，而对美的经常感受，尤其是使学生在学习过程中得到深刻的美的体验，是保证学生个性积极发展的重要前提[1]。正如黑格尔所指出的那样"审美带有令人解放的性质"。美的教育形式借助于融合着理性的审美感与道德感相联结，把道德规范转化为自律，并进而推动学生在实践中实现一种主动积极的行为自由选择，从而化解道德理性与个体感性欲求矛盾引起的焦虑和不安，使个体行为中感性冲动的盲目性得以净化，走向理性自觉，又使行为中理性冲动的强制性得以弱化，走向感性自由。

马斯洛认为，人自身越完美，他知觉的世界就越完美，而人知觉到的世界越完美，世界就会变得越完美，因为二者是一种相互促进的能动关系。这正是对美、善互扬的深刻表达。

---

[1] 许大庆. 论审美化体育教学 [J]. 学科教育. 2000（9）：5-7，20.

第三节　体育审美教育目的观

目的是人们行为的根本方向,只有明确了体育审美教育的目的,教师才能对学生更好地进行教育,使教与学达到良好的效果。

一、目的与内在目的观辨析

"目的"一词,常在我们的生活和交往中被使用,很多人都能意会,并不感到陌生。什么是目的呢?我们先看一些权威工具书中对目的的定义,简列如下:

《汉语词典》:"目的:意欲所达之境。"

《当代国语大辞典》:"目的:欲实践的目标。"

《汉语大辞典》:"目的:所追求的目标,想达到的境地。"

《现代汉语辞海》:"目的:想要达到的地点或境地,或想得到的结果。"

《现代汉语词典》:"目的:想要达到的地点或境地,想要得到的结果。"

《辞海》:"目的:人对某种对象的需要在观念上的反映,人在行动之前在观念上为自己设计要达到的目标。"

可以看出,关于"目的"我们习惯地认为,它是人对自己将要进行的活动的结果的一个预设以使自己的行动有个方向。这种观点固然不错,但事实上目的的意义并不仅限于此。

古希腊哲学家们在探求万物本原(始基)的时候,认为"一样东西,万物都是由它构成的,都是首先从它产生、最后又化为它(实体始终不变,只是变换它的形态),那就是万物的元素、万物的本原了"。而亚里士多德在探求"事物何以成为该事物"时,曾列举了四种原因:"质料因、形式因、致动因和目的因;而这四种原因中,'终极的'原因就是'目的因'"。

可以看出,"目的"正具有"本原"的特点。在人类的社会实践活动中,目的不仅仅是对实践将要取得的结果作预先的设定。"因为一个事物的目的就是这个事物的实现过程中随时作为内在驱力而发生作用的'动机';而在'实现了的目的'中,目的更加不是'消失了的',而是以现实的方式存在着",所以,没有"目的"

也就没有人类的实践活动，人类的实践活动因"目的"而存在——实践活动因目的而产生，为实现目的而存在，活动结束"复归"于目的。同时也意味着目的本身就具有手段、工具价值。这是从目的方面来看，目的是内在于实践活动的。反过来，从实现目的的手段、工具和途径方面看，也不难发现手段、工具、途径与实现目的的活动，与目的本身也是相内在的。原因在于，目的必然要实现，也就是说，目的只有引发实现目的的活动才有意义，不能实现的目的仅仅是主观的幻想而不成其为"目的"。而原初的目的作为一种主观性，它自身无法实现自身，而必须借助于一定的手段和工具。这样一来，手段和工具对于目的而言就具有必要性，因而具有内在价值[①]。这样，在人们实现自己的目的前，实现这一目的的手段和工具必须首先作为目的而被实现出来。也就是说工具、手段本身也有目的价值。

毫无疑问，这种内在目的论的目的观是对手段与目的在人的社会实践活动中的内在结合的科学反映。也唯有在人的目的性的实践活动中，手段与目的才是内在地统一起来的。正如黑格尔所说："事情并不穷尽于它的目的，而穷尽于它的实现，现实的整体也不仅是结果，而是结果连通其产生的过程；目的本身是僵死的共相，正如倾向是一种还缺少现实性的空洞的冲动一样；结果则是丢开了倾向的那具死尸。"杜威也有类似的观点，他认为："严格地说，目标不是靶子，而是击中靶子。"实现了的目的，也就绝不仅仅意味着一个结果，"而是结果连通其产生的过程"。

二、体育目的评析

作为手段与目的内在统一的目的性实践活动的价值高于单纯的目的和手段本身。而体育正是这样一种人类社会特有的教育实践活动。这样来理解体育的话，体育作为这样一种实践活动，它不仅仅是人类为了实现特定目的而采取手段，更不是在其目的实现之后就与之无关而可以随意抛弃的东西。体育作为实现目的的活动，是内含于其实现了的目的之中。学生接受体育之后，所实现出来的，绝不仅仅是作为结果的，他所达到的知识或能力水平，还应包括接受体育的过程本身。这样体育本身就有目的价值、目的意义。"体育的目的"的实现，也是体育活动的实现，它实质上意味着体育活动的结果连同体育活动过程本身。如果我们

---

① 向平. 朱自清《背影》的审美化教学研究[J]. 文学教育（上）. 2021（9）：139-141.

将"体育（活动）过程"理解为体育这一人类社会活动存在的整个历史性的过程的话，所谓的"体育的目的"，实质上是指体育的终极目的。

体育目的是一切体育实践活动的前提和归宿。对体育其他问题的探讨往往要回归到对体育目的。我国体育目的论几经变革，一直努力寻找自己的位置。人类对历史的认识类似于多个螺旋式上升的圆圈，从历史的经验中可以揭示未来，历史的发展都归根于过去。所以，要想以新的理念构建体育审美教育目的观，就必须把这种新的教育观建立在对传统体育目的的整合基础上，对体育教育目的的历史进行梳理和评述，并对其特点进行深刻的剖析与探寻是十分有必要的。

（一）我国体育目的的历史回顾

中华人民共和国成立以后我国体育目的论经历了几次变革，从"以政治为中心""以体质为中心""以技术、技能为中心""以全面发展为中心"到"以健康第一为中心"。

1. 以政治为中心

1950年我国颁布了《中小学体育暂行标准》（草案）。这次颁布的《中小学体育暂行标准》把体育的目的分为：

第一，培养学生的健美体格；

第二，养成运动的习惯；

第三，团结友爱的品质。

虽然分了三个不同的层次，但这三个层次的目的都是围绕着"打好为人民、为国家的建设而战斗和服务的体力基础"的根本目的建立的。

1956年在修订《中小学体育暂行标准》（草案）的基础上，我国颁布了第一部正式的《中小学体育教学大纲》。这部大纲的主要内容是以苏联模式为主，但也增加了例如"为促进身体的正常发育和增进健康，锻炼身体；培养学生的思想品德，使他们具有集体主义思想和爱国主义精神，养成良好的卫生习惯；通过对田径、体操等竞技运动技术技能的学习和掌握，发展学生灵敏、速度、耐力、力量等基本素质"等许多内容。这次新的大纲内容的层次更多，内容更广，但它的终极目的还是指向"为建设祖国、保卫祖国做准备"。

2. 以体质为中心

为改善学生的健康状况，教育部征求多方意见最终在1961年制定并颁布了中华人民共和国成立以来的第二个《中小学体育教学大纲》，这部大纲是围绕增进健康，增强体质建立的，它主要规定了：

第一，增强学生身体对自然寒冷或者炎热的适应能力，保证学生身体的正常发育和机能的发展；

第二，促进学生身体的基本活动能力和身体素质的提高，能适应日常的劳动、生活和保卫祖国的需要；

第三，教授学生基本体育知识、体育技能，认识到锻炼身体的重要性，并进一步提高运动能力强的学生的技术水平和他们的体质；

第四，通过体育锻炼，培养学生爱国主义精神，磨炼他们勇敢、坚毅、朝气蓬勃、服从组织、遵守纪律和集体主义等共产主义道德和优秀品质。

这部大纲的核心就是"增强学生体质"，这一时期的学校体育以增强学生的体质作为核心，其他目标都是其从属。

3. 以技术和技能为中心

1978年编制的《中小学体育教学大纲》进一步加强了第二次《大纲》中重视的运动技术和技能，把运动技术技能推向了核心位置，取代了"体质"目的观。新大纲中重点提出：

第一，根据青少年的特点，有计划、有组织地锻炼学生的身体，促进他们身体的正常生长发育和机能的发展，全面提高身体素质和人体的基本活动能力，提高对自然环境的适应能力，以收到增强体质的实效；

第二，使学生学习和掌握体育的基础知识、基本技能和基本技术，教会学生用科学的方法锻炼身体；

第三，结合体育教学的特点，教育学生热爱党、热爱社会主义祖国，不断提高他们为革命锻炼身体的自觉性，养成锻炼身体的习惯。培养他们服从组织、遵守纪律、热爱集体、朝气蓬勃、勇敢顽强、艰苦奋斗的革命精神。

1978年的大纲最突出的特点就是明确提出让学生掌握"三基"，即基本技术、技能与知识。1979年的扬州会议，进一步巩固了掌握"三基"的核心目的。

4. 以全面发展为中心

在改革开放以后，随着思想言论的自由度的加大，对前几次体育教学大纲中确定性的唯一中心的目的论的批评逐渐增多，这也引发了持有各种观点的学者展开了一场大论战。就是在这样的背景下，1987年我国颁布了第4部《中小学体育教学大纲》。此次大纲明确提出体育的目的是增强学生体质，促进身心发展，使学生在德育、智育、体育、美育几个方面得到全面的发展，成为社会主义祖国的建设者和保卫者。技术与技能的掌握消失了，取而代之的是全面发展。这反映了人们对体育的价值和人自身存在的进一步认识和理解。这部大纲也体现出多元化的趋势，提出了许多能够体现人文意蕴的内容。比如说，"发展学生的个性""陶冶学生的情操""培养学生的创造精神"等。

1992年11月，依据原国家教委制定的《九年义务教育教学计划》，我国正式颁布了中华人民共和国成立以后的第五部《中小学体育教学大纲》。这次大纲虽然也提出了例如增强学生体质，培养社会主义建设者等内容。但还是增加了促进学生身心发展，陶冶学生美的情操等新的观念。

以"全面发展"为中心相比前几次的大纲无疑是一种进步，它使人们摆脱了狭隘的视域，从更为综合和宽广的角度来审视体育。

5."健康第一"为中心

严格来说，"健康第一"是一种课程理念。它是随着教育新理念的不断出现，呼吁个性，让学生自由自在地发展的呼声不断出现的背景下，作为新的体育目的观的核心出现在人们的视野之中。这是我国学校体育又一次重大的改革。这场变革还没有完成，但它必然是一个新的开端。新的课程标准（在名词上取代了教学大纲的说法），它以理念的形式提出了四大目标：

第一，以"健康第一"为指导思想，以促进学生的健康为目标；

第二，注意培养学生的学习兴趣，最终使学生形成终身体育的意识；

第三，以学生为主体，以学生的发展为中心；

第四，注重学生的不同需求和个体差异，保证每一名学生的权益。

通过这四条基本理念可以明显地看出，体育目的观的转向，从注重教到注重学，从注重教育的外在目标到注重学生的发展本身。而且明确提出了激发学生运动兴趣、重视学生的主体地位、关注个体差异和不同需求的人文思想。

"健康第一"的思想在迅速地影响着体育工作者。但是，受到传统教育思维模式的影响和对健康的不同理解，使得"健康第一"的教育思想仍然没有完全摆脱"工具主义"的影响。"健康第一"的理念提出伊始，体育领域就开始试图找到并明确健康的含义。其实要给健康下一个统一的定义是不现实的,这种思维必将把新的教育理念拉回到"工具主义"的范围。其实要给健康下一个明确、统一的定义,无非就是为了寻找一个"确定性"的东西,并用它来统领新的教育范式,这就与"全面教育"对确定性"全面"概念的依赖一样,体育又将有一个新的核心,其他诸如学生的个性发展、运动中情感体验、美的感受等不得不再次成为附属。"健康第一"的思想也将转化为"健康"的工具。

（二）传统体育目的观的评析

上述对体育目的观的简单回顾与梳理,其目的在于找到我国体育目的发展的历史脉络,而不是为了简单地批判或否定。从历史的眼光来看,虽然以"体质"或是"技术技能"等为核心的体育目的观失之偏颇,但在当时的客观历史条件下,为了适应当时时代的需要,也许是一种最适合的目的观。

三、体育审美教育目的——人的全面发展

从根本上说,教育的本质在于"培养人的社会活动",而体育的本质也首先是人自身的"身体文化"。可见,人是体育的出发点及最终归宿,离开了人的培养,体育不仅丧失了其本质特征和独立存在的价值,它的社会价值也必然成为空谈。所以说,体育审美教育的目的指向人,在体育活动中,人的价值高于一切,世上最宝贵的就是人。

1. 人是发展的中心主体

人作为从世间万物中脱颖而出的,以自己的创造性活动求得生存和发展的存在物,是历史活动的主体,是一切关系的主体。在一定意义上说,我们整个人类社会的发展史就是一部人为的对象化活动的历史,就是关于人类自身的自由与发展的历史,人的全面发展已日益成为社会文明的尺度。

人的全面发展问题由来已久,早在原始人那里便依稀有了对人的"全面发展"的朦胧向往。在希腊罗马的古典文明中就已提出人的全面发展思想。经过文艺复兴时期人文主义者对"多才多艺"的人或"全才"这种鲜明的人格典范的大力倡导,人的全面发展逐渐成为一种贯通西方整个文化领域的崇高社会理想。从伟大的哲学家如康德、费希特、黑格尔,到空想社会主义者如圣西门、傅立叶和欧文,

都对这一理想倾注了较大热情，并以此作为有力武器，批判旧的分工制度给人造成的裂解和畸形，呼唤全面完整的人的出现。特别是欧文，强调对儿童从小就要"培养他们的智、德、体、行方面的品质。把他们教育成全面发展的人"[①]。18世纪法国大诗人、浪漫主义运动领袖歌德曾说过："在人的精神里和在宇宙里一样，没有上，也没有下，一切都要求同等的权利围绕一个共同的中心，这个中心的神秘的存在正由于各部分对它的和谐关系而宣示出来。"他认为教育的理想是和谐的全面的人。这些思想对促进人的全面发展起到了巨大的推动作用。但它们在人的本质观上都是历史唯心主义者，都是撇开历史的进程，孤立地观察人类个体，只看到人们之间纯粹自然联系起来的共同性。马克思、恩格斯经过自己的研究发现，应从现实的人的对象性活动及其产物，即从社会实践和社会关系去认识人及人的全面发展。

马克思认为："人的全面发展意味着自己真正获得解放。"这句话表明全面发展的意义，全面发展就是人真正的解放。也揭示了人的解放是人自己的解放，是自己获得的解放。而教育是人的解放的最好途径，我们应该重视教育，把教育当作人类解放的重要组成部分。马克思还说："个人就是受分工支配的，分工使他变成片面的人，使他畸形发展，使他受到限制。""而教育在使他们摆脱现代这种分工为每个人造成的片面性方面发挥作用。"马克思明确指出，用全面发展代替片面发展，全面发展的目的就是为了防止人的异化，阻止人的畸形发展，全面发展就是要使人得到解放，不受压抑和限制。而要使人得到全面的发展，摆脱畸形发展，获得解放，就要依靠全面发展的教育，全面发展的教育应该把获得人的解放和使人全面发展作为根本使命。马克思所讲的全面发展很多时候也是更多的个人发展。例如，他在谈到剩余劳动的时候，认为剩余劳动"为发展丰富的个性创造出物质要素"。在这里马克思把人的精神劳动与发展人的个性联系起来，认为精神生产为丰富的个性发展创造了条件。马克思也很注重"数个人"与"个人"的关系，他认为，全面的发展具体到每个个体上就是个性的发展，全面的发展并不等于把每个人的每种能力都发展到很高的程度。马克思谈到人的个性发展、不同的发展的时候，也就包含了每个人的全面发展。具体到个体，全面发展只是相对的概念，更多的应该是自由地发展、丰富地发展。个人的全面发展不可能不是个

[①] 曾宪刚. 体育与美育结合的研究 [J]. 湖北美术学院学报. 2001（2）：54-57.

性的发展。就算是相同的能力也会以独特的方式在不同的人身上发展。

马克思和恩格斯在《共产党宣言》中,设想了最先进的国家模式,并提出"每个人的自由发展是一切人的自由发展的条件"。这里他们又提出了一个重要的概念就是人的全面发展就是人的自由发展。人要想全面地发展,首先要能够自由地发展,这需要社会的保障。能否保证社会个体得到自由的发展,是衡量一个社会先进与否的重要标准。而保障人能够自由地发展,也是先进教育的标志之一。

马克思说:"人懂得处处都把内在的尺度运用于对象。"这是因为,人有意无意地把这种尺度运用于改造世界,创建社会的过程中,所以,人就能在对象中直观自身。所以,马克思说"人也按照美的规律来构造"。这里的构造主要是人自己建构自身。可以说,人类活动的每个领域,包括艺术、科学、体育、文化都离不开审美活动,人就是在这种审美活动中"构造"自身[①]。人的审美能力并不是与生俱来的,需要教育去开发、提升人的审美能力。这就给教育提出了更高的要求,要想成为全面发展的教育必须重视审美教育,而审美教育不能只是简单的音乐、美术教育,而它更应该融入各类教育活动中,使审美教育成为一种全面发展的教育精神。

美是我们生活中必不可少的要素,要问美是什么,可能会有千百种答案,但人们对美都会有一定的认识,其中说和谐就是美,不会有人不同意。和谐就是多成分融洽协调,多成分各美其美,但组合在一起也同样协调给人以美感。可以说,和谐发展就是全面发展的现实形式,每个人各种能力的和谐发展都有其自身的特点,不是千篇一律的,而是个性化的。

2. 追求人的全面发展是体育审美教育的理想

社会是由每个个体组成的,社会的发展有赖于人的全面发展。人的全面发展是人的体力与智力,身体与心理协调统一的发展,这一过程是在人劳动的过程中,实现自我价值和社会价值的同时进行的;是人从动物性向社会性进化,是人不断克服自身发展的内在矛盾的过程;人的全面发展,是人的各种能力不断发展,最终将人的全部本质占有的过程;人的全面发展,是人不断适应自然、社会环境,达到人与人、人与社会、人与自然的和谐统一。体育是教育的重要组成部分,它以身体的活动性和对身体的教育的独特性质存在,它对人的身体与心理的和谐发

---

① 宁继海. 高校体育与美育[J]. 美与时代. 2005 (11): 2.

展有着积极的促进作用，它是联系人的生物性与社会性的重要活动，是促进人的全面发展的重要途径。

3."以人为本"是体育的根本价值

体育应该把"以人为本"作为根本价值，应该把体育与人的自由、人的发展、人的解放、人的终极追求联系起来，以体育特有的精神培养人，把体育作为培养全面发展的人的重要途径。国际体育科学和教育理事会副主席玛格丽特指出："体育的目的在于发展身体的文明和使人得到全面协调地发展，它包括'学习运动'和'在运动中学习'两方面。健康体魄是人的全面发展所依附的基础，健康、长寿是人类发展的基本标志，新世纪的体育事业将融入以人为本的基本发展理念，成为人类社会协调可持续发展中的一项重要事业。"

体育审美教育应该指向人，它不应该是单单的身体的教育，而应该是通过体育活动对人的教育，是一种为了人的全面发展的教育。体育审美教育为了人的全面发展的目的具有终极性。在体育运动中，人们能体验到紧张、兴奋、愉悦和自信，自我感觉朝气蓬勃、精力充沛。提高运动者和观赏者的审美能力，学会体验运动美、形体美、节律美。

参与者在运动中可获得自我表现、自我活动和集体运动的心理满足感；运动情绪具有多样性、鲜明性、深刻性，消除生活中的单调与沉闷，使人获得崭新的体验。运动协调强调人们的彼此合作、相互信任、协调一致，加强了人际交往，成为现代社会生活人们交流的重要途径。体育运动的过程可以培养人们良好的生活习惯，坚强的意志品质，严格的纪律作风；使人们学会处理人与人、集体与社会的关系，提高社交能力，增强社会责任感；消除紧张，促进新陈代谢，促进能量的平衡转换，有利于身心和谐发展[①]。由于心理同样是人体的机能之一，体育活动对身体物质形态及生理机能的改善，必然导致心理的健全。在人们主动参与自己喜欢的体育运动中，尤其体现了体育的娱乐功能，使身心处于积极的健康状态。

---

① 李洋花. 浅谈体育教学中美育的意义与功能 [J]. 现代交际. 2017（12）：119-120.

参考文献

[1] 马良莹. 体育审美特征与美育实践 [M]. 长春：吉林美术出版社，2018.

[2] 康茹萍. 学校体育美育 [M]. 上海：上海教育出版社，2013.

[3] 王勇. 大学生体育美育社会化新探 [M]. 北京：中国人民大学出版社，2022.

[4] 周秀蓉. 现代社会体育教育的思考与探索 [M]. 广州：广东旅游出版社，2018.

[5] 刘慕梧. 体育美学研究与应用 [M]. 北京：北京体育大学出版社，1995.

[6] 张明波. 学校体育文化研究 [M]. 北京：光明日报出版社，2017.

[7] 朱海艳. 体育艺术化趋势下的体育审美教育 [M]. 北京：中国纺织出版社，2017.

[8] 苗鹏，李刚石. 体育文化与审美概论 [M]. 哈尔滨：黑龙江人民出版社，2005.

[9] 朱长喜，谭淑萍. 体育与审美 [M]. 北京：人民体育出版社，1995.

[10] 赵崇乐. 体育审美教育论 [M]. 沈阳：万卷出版公司，2019.

[11] 谢仕莲，关焱，夏亦昕. 新时代学校体育美育融合的现实需求与推进策略 [J]. 当代体育科技，2022，12（28）：103-107.

[12] 叶悦，宁科，王伟，等. 新时代学校体育和美育融合的困境与实现路径研究 [J]. 青少年体育，2022（6）：26-29.

[13] 朱磊，杨维. 体育融德育智育美育和劳育为一体刍议 [J]. 武术研究，2022，7（2）：150-153.

[14] 冯红静,陈波. 论现代体育教学的审美缺失 [J]. 文体用品与科技,2021（15）：178-180.

[15] 杜亚星,司红玉,王逸桐. 简论体育、智育、美育"人—境"生态体统的内在联系 [J]. 青少年体育,2021（3）：26-27.

[16] 赵洪波,刘泽磊,姜勇. 学校体育美学表征及实现路径 [J]. 中国教育学刊,2021（2）：25-29.

[17] 管雄颖. 基于审美教育在高校体育教学中的渗透路径 [J]. 当代体育科技,2020,10（18）：115,117.

[18] 王毅斌. 体育教学中美学元素的渗透 [J]. 当代体育科技,2020,10（10）：123-124.

[19] 吕艳飞,朱卉. 体育教学中审美教学的重要性与教学方式 [J]. 福建茶叶,2019,41（9）：237.

[20] 齐瑞明,尹光,许景朝. 艺术审美视角下的高校体育教学发展研究 [J]. 体育世界（学术版）,2019,（3）：103,82.

[21] 周玉发. 江西高校公共体育课开展体育美育的现状及发展对策研究 [D]. 景德镇：景德镇陶瓷大学,2022.

[22] 史壮壮. 美育视域下大学生体育课程学习样态影响因素模型构建 [D]. 大连：辽宁师范大学,2021.

[23] 支梦璇. 山东省高中生体育审美教育认知及需求研究 [D]. 曲阜：曲阜师范大学,2020.

[24] 常婉璐. 大学生体育审美倾向与体育锻炼行为的相关性研究 [D]. 天津：天津体育学院,2018.

[25] 李晶辉. 吉林省高校体育教育专业体育美育现状及对策研究 [D]. 长春：吉林体育学院,2016.

[26] 孙茜. 竞技体育的审美意义研究 [D]. 桂林：广西师范大学,2016.

[27] 谭润芳. 论中西体育的美学差异 [D]. 太原：中北大学,2011.

[28] 梁霞. 论体育教育的审美心理建构 [D]. 太原：山西大学，2010.

[29] 赵崇乐. 体育审美教育观研究 [D]. 长春：东北师范大学，2009.

[30] 林琳. 中国体育美学理论体系建设与发展研究 [D]. 北京：北京体育大学，2007.